懐かしい、あの駅前風景を空から楽しむ

朝日・読売・毎日新聞社が撮った

京王線、井の頭線の街と駅【1960～80年代】

1965年（昭和40年）

撮影：山田虎雄

生田 誠

1954年（昭和29年）

提供：朝日新聞社

レトロタイプの乗用車が並んだ新宿駅西口。タイムスリップしたような雰囲気の駅前風景である。

1章【京王線と支線】

所蔵：生田 誠

京王電車沿線案内（昭和戦前期）
四谷新宿駅を始発駅として、国鉄新宿駅南口の大陸橋を越えた電車が甲州街道を走っていた頃の京王の路線図である。新宿付近には停車場前、神宮裏という駅（停留場）が存在していた。この時点で明治大学のキャンパスは見えるものの、帝都電鉄（現・井の頭線）は開業しておらず、1931（昭和6）～1932年頃のものかと思われる。富士山、高尾山とともに、画面の中央付近には多摩川原遊園・京王閣が大きく描かれており、当時の京王沿線では一押しの場所であったことがうかがえる。本線とともに、北野駅から分岐する御陵線は既に開通している。

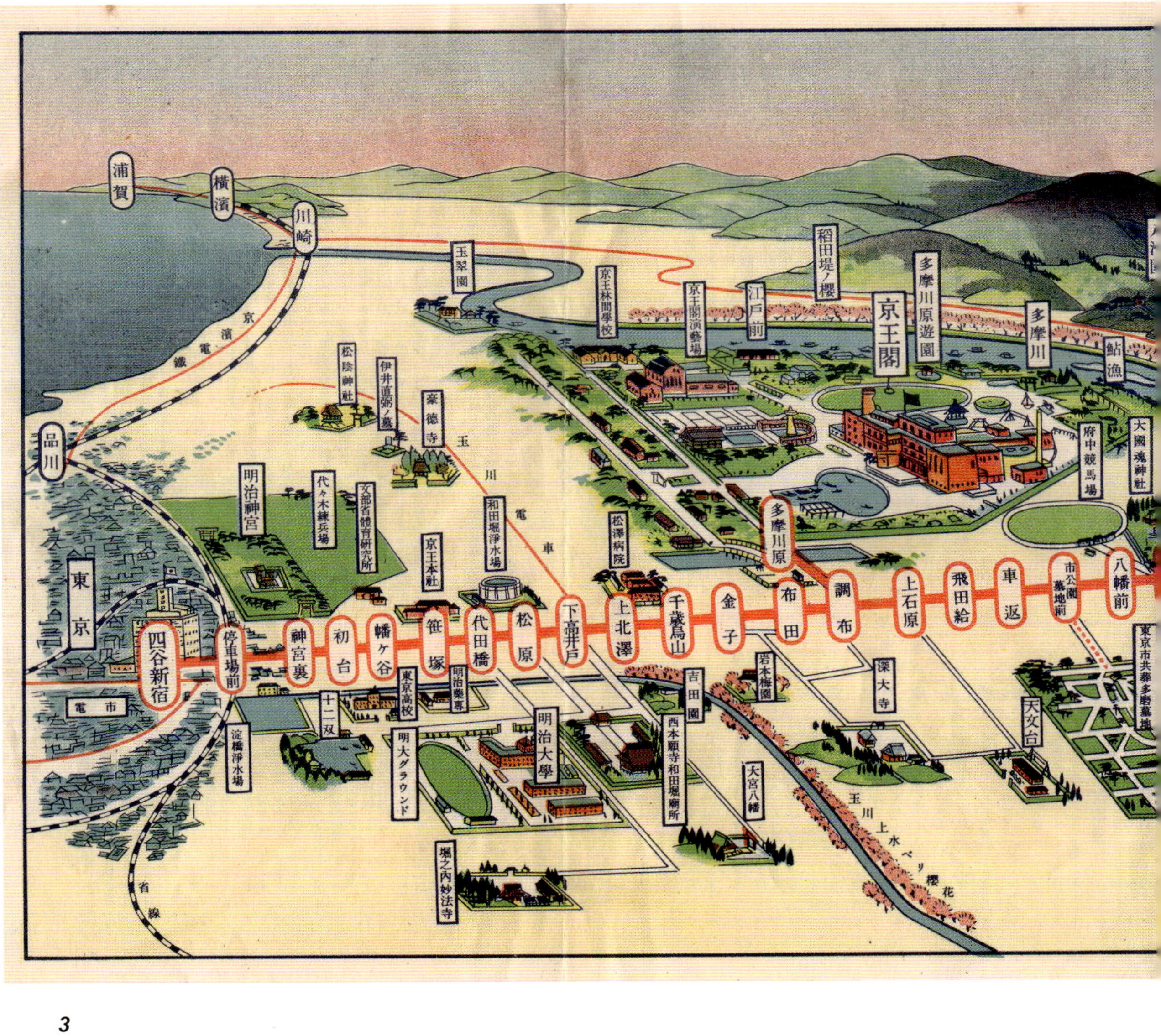

はじめに

東京山の手の二大ターミナル駅、新宿駅と渋谷駅から、西へと延びるのが京王線と井の頭線である。両線の沿線には都区部の世田谷・杉並区などをはじめとして、調布市・三鷹市・武蔵野市・八王子市・多摩市・八王子市といった東京のベッドタウンが多く存在している。こうした街々は鉄道の開通から約１世紀の間、特に第二次世界大戦後の1960 ～ 80年代において大きな変遷を遂げた場所である。

本書ではそれらの街と駅、沿線の姿を朝日、読売、毎日の各新聞社が撮影した秘蔵の写真を中心にして、紹介しようとするものである。同じ沿線でも場所が変われば風景が変わる。街と駅も違った表情を見せる。それはしかも一通りではなく、人の手による開発などにより、一夜にしてガラリと変わるものであった。この本を手に取られる方は、各ページにおいて、そうした過去の変化、変遷を目の当たりにされるであろう。日頃見馴れていた風景が、実は違う場所だったと思われる方もおられるであろう。

東京の身近な路線である京王線と井の頭線。読者の皆さんがよく知っている車窓の風景に、こんな歴史の積み重ねがあったことをぜひ見ていただきたいと思う。

2018年２月　生田誠

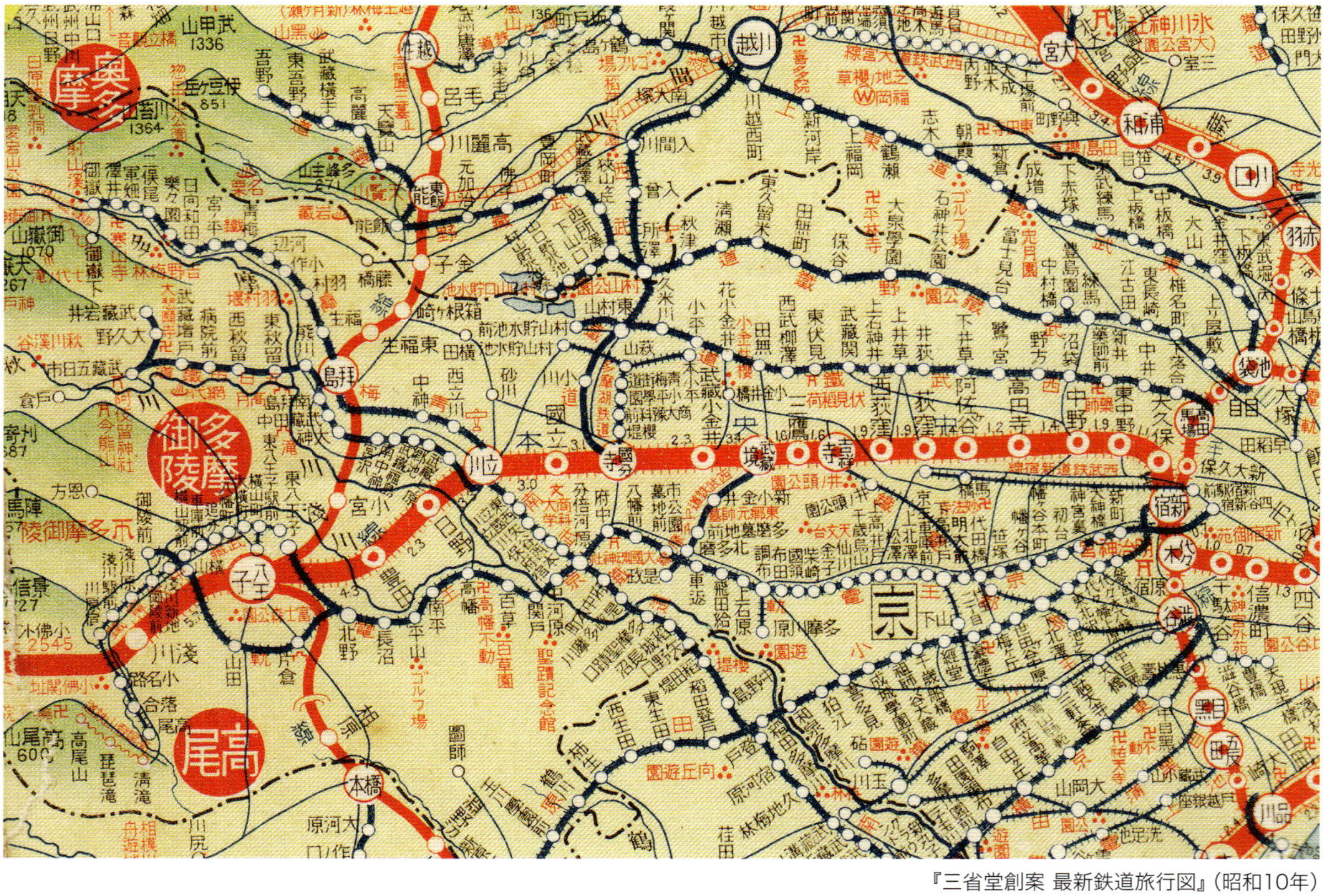

『三省堂創案 最新鉄道旅行図』(昭和10年)

1章

京王線

1954年
（昭和29年）

提供：毎日新聞社

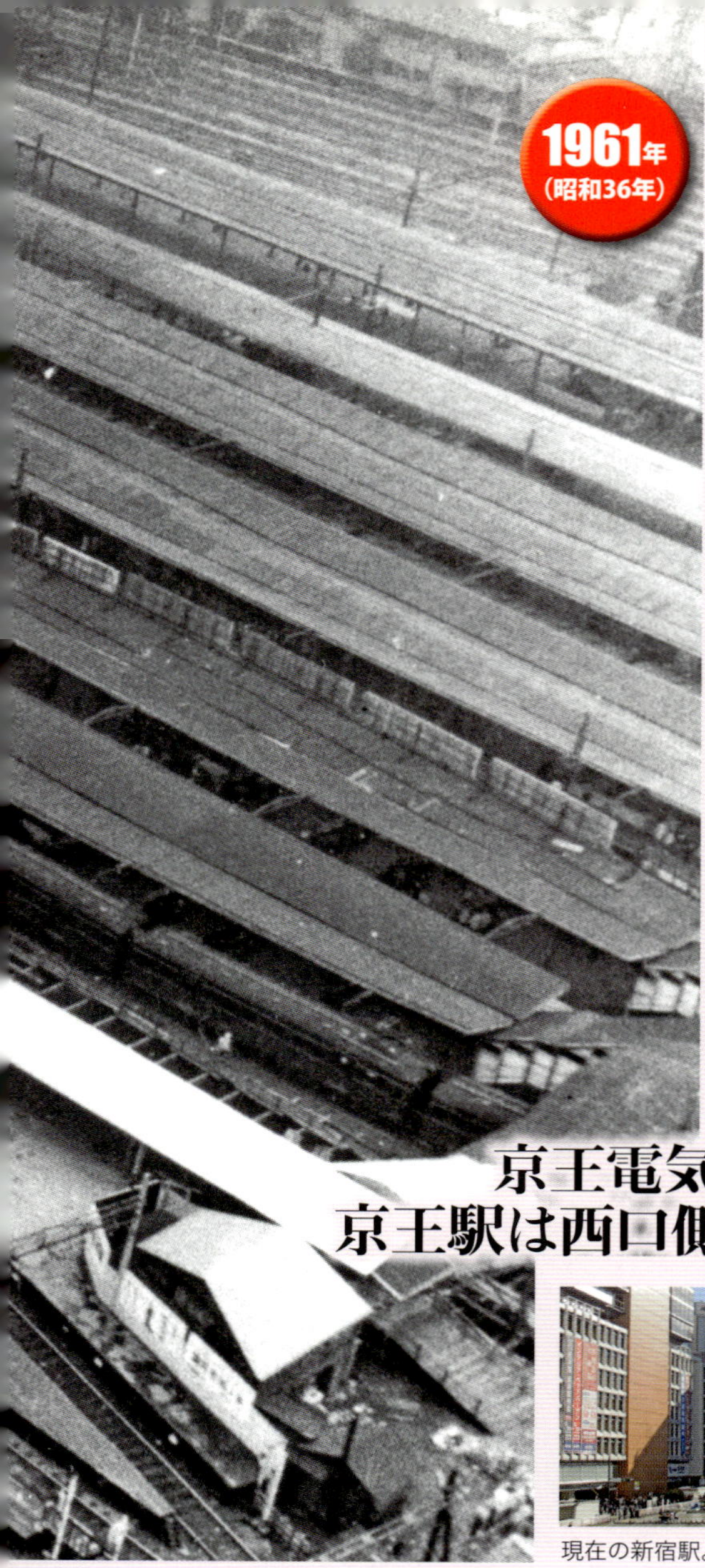

ビルや百貨店の姿がまだ見えない新宿駅西口付近の空撮であり、その後の風景を思い描いていただきたい1枚である。一番手前の短い屋根のホームが京王線の新宿駅で、小田急線のホーム、跨線橋のある国鉄のホームが並んでいる。地上にあった西口広場にはバスの姿も見える。狭い西口の改札口付近には、多くの人が寄り集まっている様子がわかる。1962年11月には左手奥に小田急ハルクのビルが建ち、やがて1964年11月には京王百貨店、1967年11月には小田急百貨店の本館全体が開業している。京王線のホームは、京王百貨店の地下に置かれている。

京王電気軌道は1915年に新宿追分駅を設置
京王駅は西口側の地下駅、京王新線の新駅も誕生

新宿駅

現在の新宿駅。

開業年：大正4(1915)年5月30日
所在地：東京都新宿区西新宿1-1-4
キロ程：0.0キロメートル(新宿起点)　駅構造：地下駅
ホーム：3面3線　1面2線(新線)　乗降人数：770,072人

日本一の規模誇るマンモス駅

現在の京王線の新宿乗り入れは1915(大正4)年5月で、当時の電車は甲州街道の道路上を走っていた。新たに起点となった新宿追分駅は、東口側にある甲州街道の新宿追分交差点上に置かれ、1927(昭和2)年10月に京王新宿ビルが竣工し、その1階部分に移転した。当時の駅ホームの構造は、5面3線であった。1930年3月に四谷区(当時)の名前を採って四谷新宿駅となり、1937年5月に京王新宿駅に駅名改称した。1945年7月に現在地(西口)へと移転している。

1963年4月、京王線の新宿駅は地上駅から地下駅に変わり、併用軌道からの切り替えが行われた。1978年10月には京王新線が開通し、新線新宿駅が誕生した。この京王新線は1980年3月に都営地下鉄新宿線と結ばれ、同線の新宿駅が開業した。

一方、JR新宿駅の歴史は、1885(明治18)年3月、日本鉄道による品川線(現・山手線)の品川〜赤羽間が開通して駅が置かれたことに始まる。1889年4月、甲武鉄道により新宿〜立川間が開通し、連絡駅として発展する。両鉄道は1906年10月・11月に国有化されて、現在の山手線と中央線と変わった。

京王線に続いて1923年12月には、西武軌道(後の都電杉並線)の始発駅が東口側に誕生した。続いて1927(昭和2)年4月、小田原急行鉄道(現・小田急電鉄)の始発駅である新宿駅が開業した。戦後の1952(昭和27)年3月には西武新宿駅が現在地よりも少し離れた北側に誕生している。また、1961(昭和36)年2月には都電杉並線に代わる形で営団地下鉄荻窪線が開業した。

提供：朝日新聞社

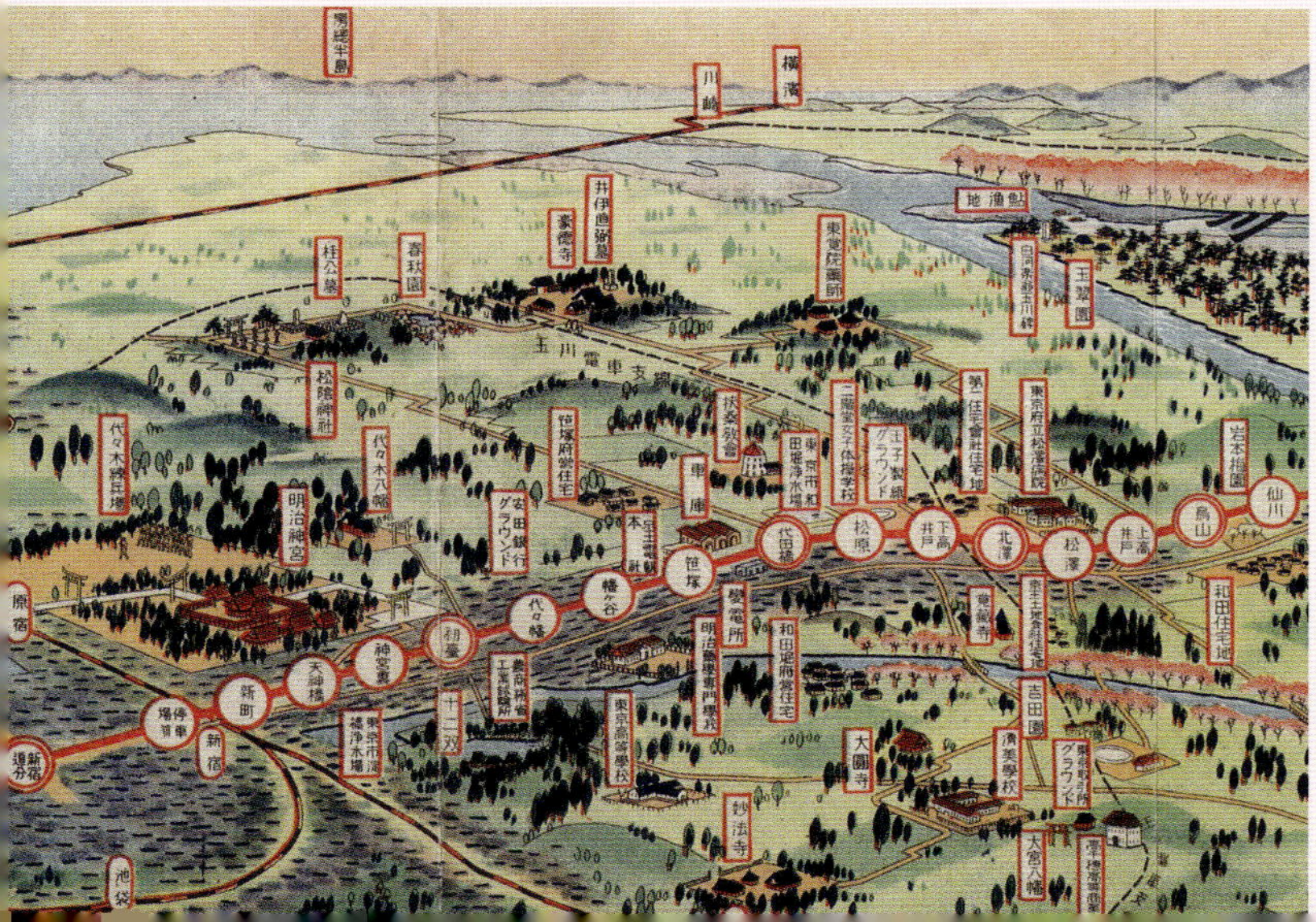

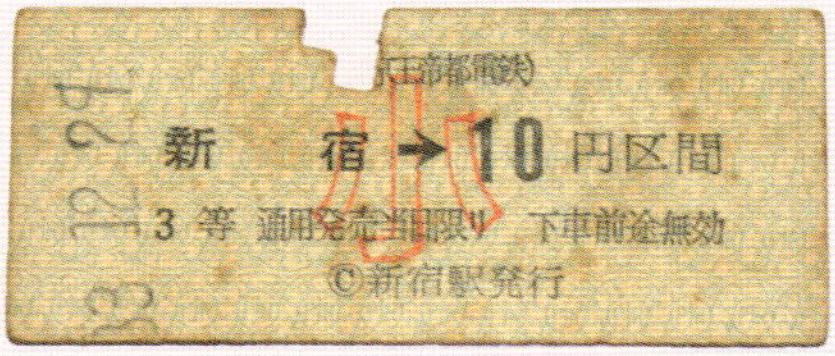

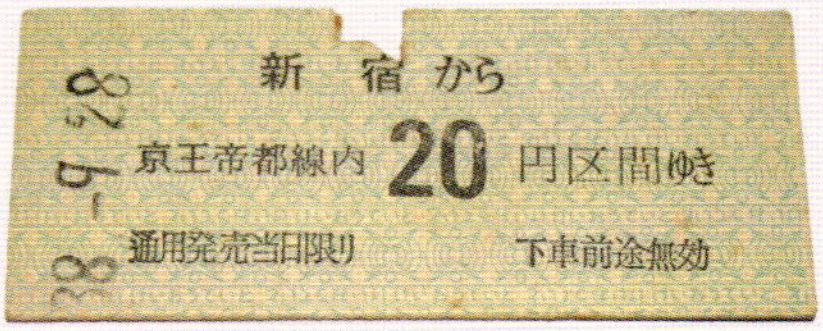

京王電気軌道時代の路線図であり、新宿追分駅から先に停車場前、新町といった現在は存在しない駅が置かれていた。玉川上水に沿った桜並木が美しく描かれている。

提供：毎日新聞社

1961年
（昭和36年）

甲州街道上の併用区間を、新宿駅を目指して進む京王線の電車（４両編成）が見える、新宿駅西口付近の空撮写真である。既に道路拡張が成された後で、電車は道路中央部分の専用軌道を通っている。この当時、西口側でも戦後の新しいビルが建ち始めていた頃で、甲州街道沿いの右側には工事中のビルの骨組みが見える。自動車やバスの数は増えたものの、まだまだ道路上を歩く人が多くいた時代で、左側の道路には歩行者の列がある。手前右側の線路の先が新宿駅であり、右奥には広大な面積を占めていた、淀橋浄水場の沈殿池がのぞく。

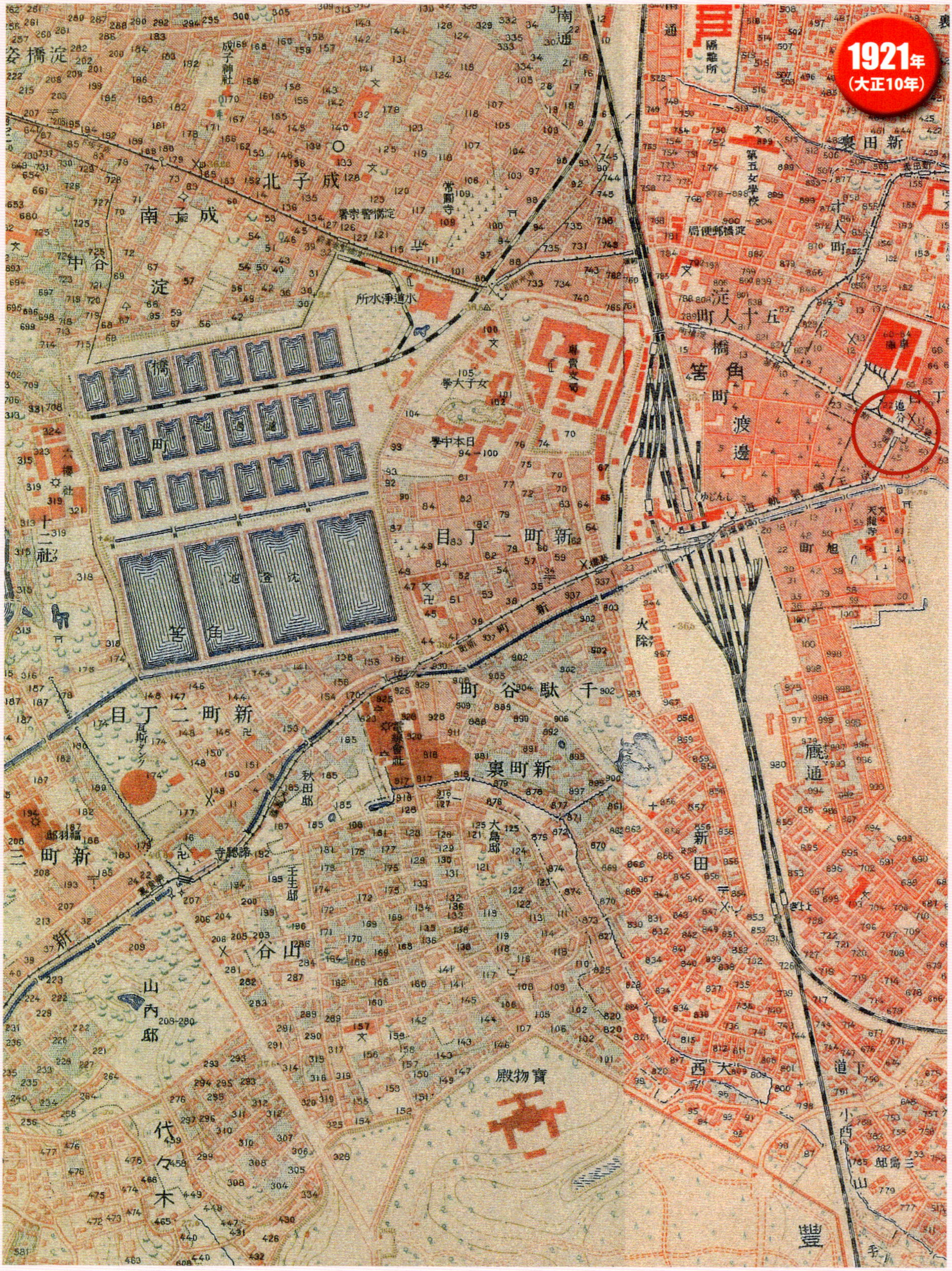

新宿駅の周辺には、空白の用地があり、「火除」の記載が見える。右端の空白地は、現在の新宿御苑である。西口側には淀橋浄水場、専売支局、日本中学などがあり、北側から浄水場に至る引き込み線が存在していた。この当時、京王線は東口側の新宿追分（京王新宿）が起点駅で、南口付近の停車場前駅をへて、甲州街道を南西に進んでいた。沿線には、電線会社や瓦斯タンクといった工業施設が存在した。

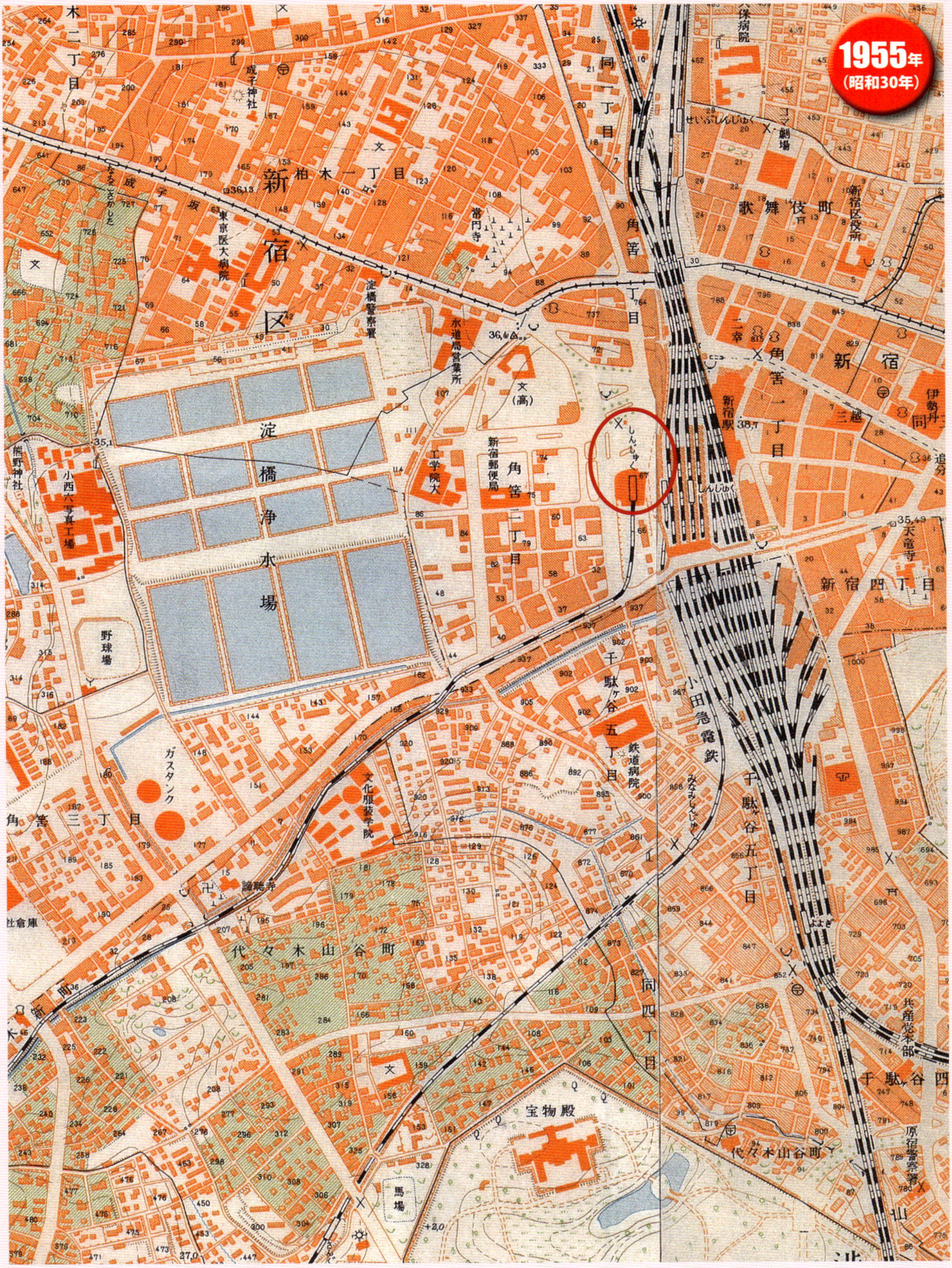

右の地図では空白があった新宿駅周辺では、小田急線が開通しており、京王線の始発駅が西口側に移り、新しい駅が誕生している。西口駅前もかなり開発され、専売支局（現・JT）が移転したことなどにより、新宿郵便局、工学院大学などが生まれている。小田急線の南新宿駅付近には、（東京）鉄道病院がやってきた。電線会社や秋田邸があった場所には、文化服装学院がキャンパスを構えている。

提供：読売新聞社

撮影：荻原二郎

撮影の頃は既に初台駅上り線は地下ホームとなり、地上にはこの下り線ホームだけが残っていた。

所蔵：田中健三

地上駅時代の初台駅である。ゴシック建築を模した立派な駅舎が使用されていた。

現在の初台駅。

現在の幡ヶ谷駅。

甲州街道の上に存在した数駅に幡ヶ谷と初台
京王新線の誕生で、初台と幡ヶ谷駅は地下駅に

初台駅、幡ヶ谷駅

【初台駅】 開業年：大正3（1914）年6月11日
所在地：東京都渋谷区初台1-53-7
キロ程：1.7キロメートル（新線新宿起点）
駅構造：地下駅
ホーム：2面2線　乗降人数：62,154人

【幡ヶ谷駅】 開業年：大正2（1913）年11月11日
所在地：東京都渋谷区幡ヶ谷1-2-1
キロ程：2.7キロメートル（新線新宿起点）
駅構造：地下駅
ホーム：2面2線　乗降人数：31,992人

甲州街道の沿道に発展した街

京王線の古い路線図を見ると、新宿〜笹塚間には、多くの駅（停留場）があったことがわかる。そのうち、現在も残っているのは、改正橋（現・初台）と幡ヶ谷の２駅だけである。併用軌道上に置かれた停車場前（省線新宿駅前）、葵橋、新町、天神橋、代々木（神宮裏→西参道）、代々幡（幡ヶ谷本町→幡代）といった駅は、１９４５（昭和20）年の終戦までに廃止されている。

現在の初台駅は１９１４（大正３）年６月に改正橋駅として開業。１９１９年９月に現在の駅名である初台となった。その後、１９６４（昭和39）年６月に地下駅となり、１９７８年10月の京王新線開通により、現在地に移転している。地下１階に改札口があり、地下２階に２番（上り）ホーム、地下３階に１番（下り）ホームが置かれている。

次の幡ヶ谷駅は１９１３年11月の開業である。１９７８年に京王新線の開通に伴い、現在地に移転し、地下駅となった。改札口は地下１階、ホームは地下２階に置かれている。この駅と初台駅は、京王新線の列車のみが停車し、本線の列車は通過する。

「幡ヶ谷」の地名の由来は、後三年の役の際、源義家（八幡太郎）がこの地の旗洗池で、源氏の白旗を洗ったという伝説による。この池は１９６３年頃に埋め立てられて、現在は存在しない。江戸時代から幡ヶ谷村が存在し、１８８９（明治22）年に代々木村と合併して、代々幡村となった。この代々幡村は１９１５（大正４）年に代々幡町となり、１９３２（昭和７）年に東京都に編入されて現在は渋谷区の一部となっている。

東京五輪開催時の初台駅付近の空撮写真で、首都高速４号新宿線、首都高速中央環状線が開通して、風景は大きく変わった。手前を横切る道路は甲州街道、奥を走るのは水道道路である。初台交差点で甲州街道と交わる南北の道路は、山手通り（環状六号線）である。京王線は甲州街道の南側を通り、西側に初台駅が置かれている。駅北側の東京工業試験場の跡地はこの後、新国立劇場に変わった。

地上駅時代の幡ヶ谷駅。

撮影：安田就視

撮影：安田就視

初台駅付近を走るつつじヶ丘駅発、新宿駅行きの各駅停車。ここから先は地下区間に入ることとなる。奥に見えるのは、富士急行東京本社ビル。同社の富士急行線では、1993年以降、京王から譲り受けた5000系が1000形電車として走っている。

提供：読売新聞社

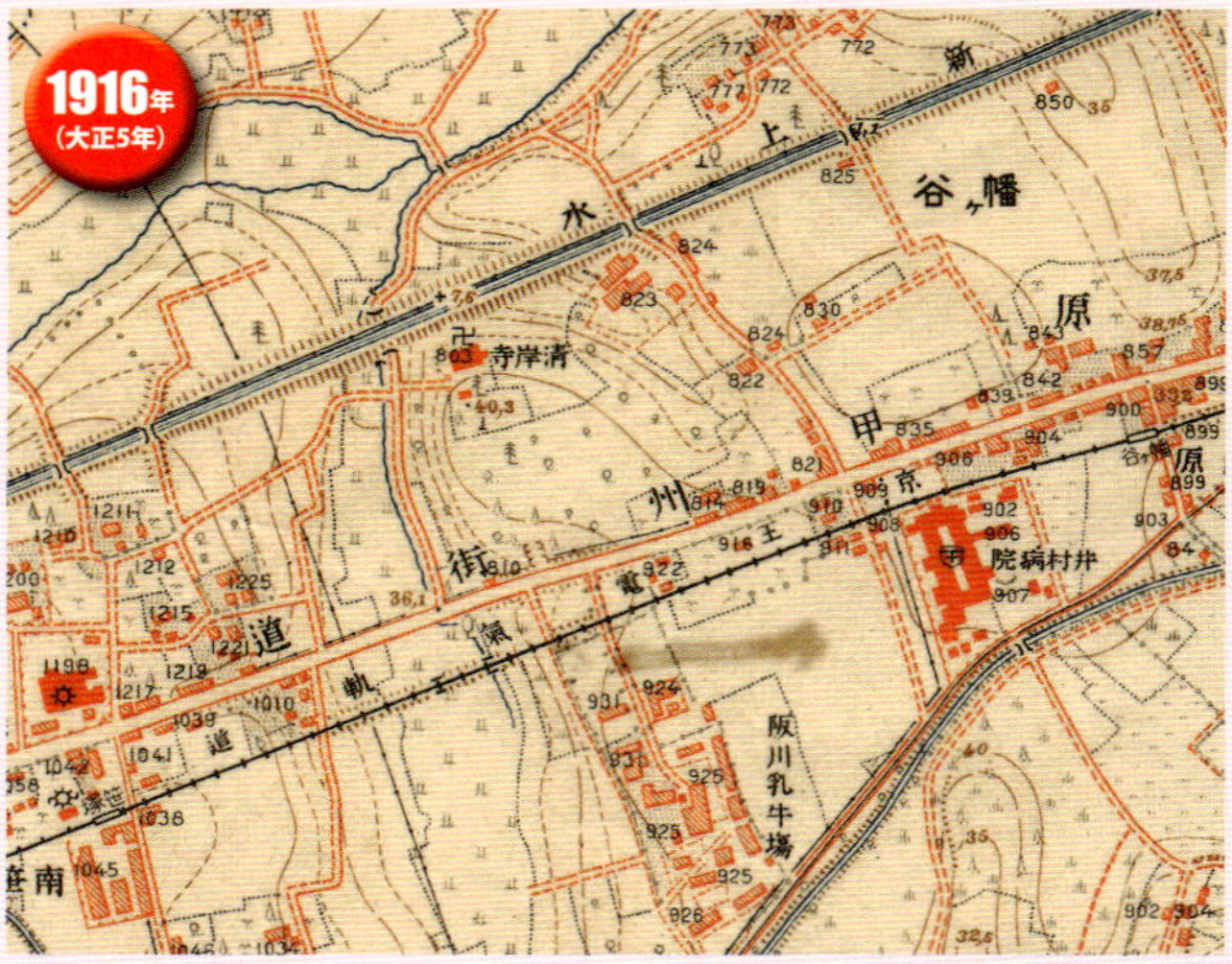

東京郊外の笹塚付近には玉川上水が流れ、甲州街道の南側を京王電気軌道が走る。線路の南側には、中村病院、阪川乳牛場が広がっていた。

1913年に京王電気軌道が開業した際の起点駅
1978年に高架駅となって京王新線と接続

笹塚駅

現在の笹塚駅。

開業年：大正2（1913）年4月15日
所在地：東京都渋谷区笹塚1-56- 7
キロ程：3.6キロメートル（新宿起点）　駅構造：高架駅
ホーム：2面4線　乗降人数：80,570人

駅名の由来は笹薮の一里塚

併用軌道から地下区間に変わった京王線は幡ヶ谷間を過ぎると地上に出て、甲州街道（国道20号）・首都高速４号新宿線の南側の高架区間を走ることとなる。笹塚駅は１９１３（大正２）年４月、京王電気軌道の笹塚～調布間の開業時に起終点駅として開業している。開業当時は駅付近に車庫も置かれていた。

同年10月に笹塚～代々幡（後に廃止）間が開業したことで途中駅になった。１９７８（昭和53）年７月、高架駅に変わり、10月には笹塚～新線新宿間の京王新線が開通している。現在の駅の構造は島式ホーム２面４線を有する高架駅である。

「笹塚」の地名は、甲州街道の内藤新宿から１里（約４キロ）の１里塚が置かれ、その場所が笹薮だったことに由来する。かつては玉川上水が流れていたが、現在はほとんどが暗渠となり、公園や宅地となっている。かつては幡ヶ谷（後に代々幡）村の一部で、現在は渋谷区笹塚となり、渋谷区の西端に位置している。

駅の北側には富士見丘高校・中学校、渋谷区立笹塚中学校、小学校が存在する。富士見丘高校・中学校は１９４０（昭和15）年に昭和商業実践女学校として創立され、１９４４年に富士見丘女子商業学校となり、戦後の１９４８年に現校名となった。また、駅の南側、区境を越えた井の頭通り沿いには、世田谷区立北沢中学校がある。

地上駅だった頃の笹塚駅の風景であり、ホームは現在と同じ島式２面４線の構造であった。上下線のホームと写真右上の駅舎は構内踏切で結ばれている。駅舎には小さな駅前売店が備え付けられており、改札口から入場すると、すぐに２つのホームに向かう構内踏切が設置されていた。昭和40年代に駅前がビル群に包まれる前、長閑な駅構内の景色がうかがえる。

笹塚駅は1978年に高架化される。これは地上駅だった頃の笹塚駅の駅舎で、飾り気のない小さな駅舎が乗降客を迎えていた。

所蔵：田中健三

撮影：安田就視

中村屋東京工場を背に、笹塚駅構内に進入する京王八王子行き各駅停車。

京王線と井の頭線の時刻表

1969年
(昭和44年)

○新宿・府中
　東八王子 間電車　京王電気軌道

●運轉時間 午前四時四十五分より夜十二時卅分まで新宿、笹塚間一分乃至三分毎に新宿烏山間三分乃至五分毎に新宿、調布間七分半毎に、新宿府中多摩川原間各十五分間毎に、新宿・東八王子間は卅分毎に發車す
●停留場 新宿、停車場前、新町、天神橋、神宮裏、初臺、代々幡、幡ケ谷、笹塚、代田橋、松原、下高井戸、北澤車庫前、北澤、松澤、上高井戸、烏山、仙川、金子、柴崎、國領、布田、調布、上石原、多摩河原、飛田給、車返、多磨、八幡前、府中、屋敷分、中河原、關戸、百草、高幡、南平、平山、長沼、北野、東八王子
●賃金 新宿より停車場前、新町、天神橋、神宮裏、初臺四錢 代々幡、幡ケ谷、笹塚、代田橋八錢、松原、下高井戸、北澤車庫前、北澤十二錢、松澤、上高井戸、烏山十六錢、仙川、金子二十錢、柴崎、國領、布田二十四錢、調布、多摩川原、上石原二十八錢、飛田給、車返、多磨三十二錢、八幡前、府中三十六錢、屋敷分卅九錢、中河原四十二錢、關戸四十五錢、百草四十八錢、高幡五十一錢、南平五十六錢、平山五十八錢、長沼、北野、八王子は特定賃金五十八錢、普通回數乘車券(一割引)
學期月極乘車券(三割乃至五割引)(學生月極乘車券(五割乃至七割五分引)團體客(一割乃至三割五分引)

大正15年の京王電気軌道時刻表。甲州街道上に設けられた停留場名が記されている。

●澁谷・吉祥寺間電車　三等車のみ 一〇・五・二七訂補　帝都電鐵　澁谷區大和田町十一

●運轉時間 澁谷發 前四、四五より夜一、〇〇まで / 吉祥寺發 前五、二七より夜〇、二〇まで 十分乃至二十分毎に運轉
●驛名 澁谷、神泉、一高前、西駒場、池之上、下北澤、代田二丁目、東松原、明大前、永福町、西永福、濱田山、高井戸、富士見ケ丘、久我山、三鷹臺、井ノ頭公園、吉祥寺
●運賃 澁谷より池之上へ五錢、代田二丁目へ六錢、永福町へ十一錢、井ノ頭公園へ二十二錢、吉祥寺へ二十三錢

昭和10年の帝都電鉄時刻表。

⊙四谷新宿・東八王子・御陵前間電車　一〇・五・一訂補　京王電氣軌道　澁谷區幡ケ谷笹塚町一〇四五

運轉時間
四谷新宿・多摩川原間(三四分要す) 四谷新宿發前四、五〇より後一〇、四二迄 多摩川原發前六、〇〇より後一一、三〇迄 十二分乃至卅分毎に運轉
四谷新宿・東八王子間(五九分要す) 四谷新宿發前五、〇五より後一一、三〇迄 東八王子發前五、〇二より後一〇、二八迄 十五分乃至卅分毎に運轉
四谷新宿・御陵前間(六五分要す) 四谷新宿發前五、〇五より後一〇、〇〇迄 御陵前發前五、二六より後一〇、三三迄 二十分乃至四十分毎に運轉
右の外四谷新宿・笹塚間一分乃至三分毎に、四谷新宿・千歳烏山間八分乃至十六分毎に四谷新宿・京王車庫前間二分乃至五分毎に、高幡・東八王子間十五分乃至三十分毎に運轉

驛名
本線 四谷新宿、停車場前、新町、天神橋、神宮裏、初臺、幡ケ谷本町、幡ケ谷、笹塚、代田橋、明大前、下高井戸、京王車庫前、上北澤、松澤、上高井戸、千歳烏山、仙川、金子、柴崎、國領、布田、調布、上石原、西田、車返、市公園墓地前、八幡前、府中、分倍河原、中河原、關戸、百草、高幡、南平、平山、長沼、北野、片倉、山田、横山、御陵前(全區間四二・八粁 運賃六十八錢)
支線 調布・多摩川原(全區間一粁 運賃四錢) 北野・東八王子(全區間二粁 運賃四錢)

昭和10年の京王電気軌道時刻表。

十七年四月一日訂補　**澁谷・吉祥寺間** ㊖
(東京急行電鐵井ノ頭線)

粁程	運賃	驛名	吉祥寺行 初電			終電	
0.0	錢	澁谷發	…	4 45	此間澁谷・永福町間6分(朝夕4分)永福町・吉祥寺間12分間毎	23 48	0 05
1.3	5	一高前〃	…	4 52		23 50	0 08
3.6	10	代田二丁目〃	…	5 02		23 56	0 14
5.0	10	明大前〃	…	5 05		24 00	0 17
6.1	15	永福町〃	4 30	5 08		0 02	0 19
8.8	20	高井戸〃	4 40	5 20			0 26
10.3	25	久我山〃	4 43	5 21		…	0 29
12.2	30	井之頭公園〃	4 45	5 25		…	0 33
12.8	30	吉祥寺着	4 46	5 26		…	0 35

粁程	運賃	驛名	澁谷行 初電			終電	
0.0	錢	吉祥寺發	…	4 55	日曜祭日ハ吉祥寺・永福町間12分永福町・澁谷間6分間毎	23 30	2351
0.6	5	井之頭公園〃	…	4 56		23 31	3352
2.5	10	久我山〃	…	5 00		23 35	2356
4.0	10	高井戸〃	…	5 03		23 38	2359
6.7	15	永福町〃	4 25	5 10		23 45	0 06
7.8	20	明大前〃	4 27	5 12		23 47	
9.2	20	代田二丁目〃	4 30	5 15		23 50	…
11.5	25	一高前〃	4 36	5 19		23 56	…
12.0	30	澁谷着	4 39	5 22		23 59	…

「大東急」時代の井ノ頭線時刻表。

十五年四月一日訂補　**澁谷・吉祥寺間** ㊖
(小田原急行鐵道 帝都線)

驛名 澁谷、神泉、一高前、駒場、池之上、下北澤、代田二丁目、東松原、明大前、永福町、西永福、濱田山、高井戸、富士見ケ丘、久我山、三鷹臺、井ノ頭公園、吉祥寺

粁程	運賃	驛名	吉祥寺行 初發			終發	
0.0	錢	澁谷發	…	4 45	此間澁谷發・永福町間10分(朝夕5分) 永福町・吉祥寺間20分間隔運轉	11 55	0 30
2.5	5	池之上〃	…	4 51		0 01	0 36
5.6	6	代田二丁目〃	…	5 53		0 04	0 39
6.1	11	永福町〃	4 30	5 59		0 10	0 45
12.2	20	井之頭公園〃	4 45	6 15		0 24	
12.8	20	吉祥寺著	4 46	6 16		0 25	…

粁程	運賃	驛名	澁谷行 初發			終發	
0.0	錢	吉祥寺發	…	4 55	日曜祭日ハ吉祥寺・永福町間10分 永福町・澁谷間5分間隔運轉	11 50	0 30
0.6	5	井之頭公園〃	…	4 56		11 51	0 31
6.7	12	永福町〃	4 25	5 11		0 05	0 45
9.2	17	代田二丁目〃	4 31	5 16		0 11	
10.3	19	池之上〃	4 33	5 18		0 14	…
12.8	20	澁谷著	4 59	5 25		0 20	…

昭和15年の「小田原急行鉄道帝都線」時代の時刻表。

十五年三月十六日訂補　**京王電氣軌道線** ㊖

驛名
本線 京王新宿、省線新宿驛前、新町、天神橋、西參道、初臺、幡代、幡ケ谷、笹塚、代田橋、明大前、日大前、櫻上水、上北澤、八幡山、蘆花公園、千歳烏山、仙川、金子、柴崎、國領、布田、調布、上石原、飛田給、車返、多磨靈園、東府中、府中、分倍河原、中河原、聖蹟櫻ケ丘、百草園、高幡不動、南平、平山、長沼、北野、片倉、山田、武藏横山、多摩御陵前(全區間 42.8 粁 運賃 68 錢)
支線 調布、京王多摩川(全區間 1.0 粁 運賃 4 錢)(京王新宿・京王多摩川間 28 錢)
北野、東八王子(全區間 2.1 粁 運賃 4 錢)(京王新宿・東八王子間 60 錢)

運轉時間
京王新宿―京王多摩川 36 分ヲ要シ { 京王新宿發 4 50 ヨリ 10 45 マデ / 京王多摩川發 5 31 ヨリ 12 00 マデ } 15 分乃至 30 分毎ニ運轉 但シ日曜祭日ハ 10 分毎ニ發車
京王新宿―東八王子 63 分ヲ要シ { 京王新宿發 5 00 ヨリ 11 00 マデ / 東八王子發 4 50 ヨリ 11 10 マデ } 15 分乃至 30 分毎ニ運轉
京王新宿―多摩御陵前 65 分ヲ要シ { 京王新宿發 5 30 ヨリ 7 30 マデ / 多摩御陵前發 6 43 ヨリ 9 00 マデ } 15 分乃至 40 分毎ニ運轉
上記ノ外右記間隔ニテ運轉 { 京王新宿―京王多摩川10分―20分・京王新宿―千歳烏山 4分―16分 / 京王新宿―櫻上水 3分― 5分・高幡不動―東八王子15分―30分 } 毎ニ運轉 始車4 30 終車1 00 (櫻上水止り)

昭和15年３月の京王電気軌道時刻表。御陵線も記されている。

36. 6. 1現在　**新宿―東八王子・渋谷―吉祥寺**(京王帝都電鉄) ㊐ ㊖

	初電			終電				キロ程	賃	駅名	初電				終電			運転間隔
京王線	…	…	450	2323	006	030	046	0.0	円	発新宿(国)着	444	512	529	556	026	041	…	新宿―東八王子
	…	…	500	2334	016	040	056	5.2	20	〃明大前発	433	501	518	545	015	030		(急行)20分
	435	440	504	2337	020	044	100	7.0	20	〃桜上水〃	430	458	515	542	012	027	108	新宿―京王多摩川
	441	446	510	2343	026	049		9.8	30	〃千歳烏山〃	…	452	509	536	006	021	102	(急行)20分
	445	450	514	2347	030	054	…	12.4	30	〃つつじケ丘〃	…	448	505	532	002	017	058	(各停)20分
		456	520	2354	036		…	15.5	40	〃調布〃	…	…	458	525	2355	010	…	急行・各停の間隔
	…	504	528	001	044	…	…	19.6	50	〃多磨霊園〃	…	…	450	517	2347	京川	…	4―16分
	…	508	532	005	048	…	…	21.9	60	〃府中〃	…	…	447	514	2344	王発	…	新宿―府中
	…	510	534	007	050	…	…	23.1	60	〃分倍河原(国)〃	…	…	444	511	2342	多 008	…	(各停)20分
	435	520	543	017	100	…	…	29.9	80	〃高幡不動〃	…	…	435	502	2332	摩	047	新宿―つつじケ丘
	447	532	556	029		…	…	38.1	90	着東八王子発	…	…	…	450	2320	…	035	朝夕混雑時のみ

	初電		終電		キロ程	賃	駅名	初電		終電		
井の頭線	…	4 50	0 18	0 43	0.0	円	発渋谷(国)着	4 47	5 19	0 39	…	⊙東京競馬開催日
	…	5 01	0 29	0 54	5.1	20	〃明大前発	4 35	5 08	0 28		新宿―府中競馬正門前
	4 37	5 03	0 31	1 00	6.1	20	〃永福町〃	4 33	5 05	0 25	1 02	直通急行新宿発 930―1250 20分毎
	4 42	5 08	0 36		8.8	20	〃高井戸〃	…	5 00	0 20	0 57	渋谷―永福町3―5分毎
	4 50	5 16	0 44	…	12.9	30	着吉祥寺(国)発	…	4 53	0 13	0 50	永福町―吉祥寺5―10分毎

昭和36年、京王帝都電鉄の京王線と井の頭線の時刻表。

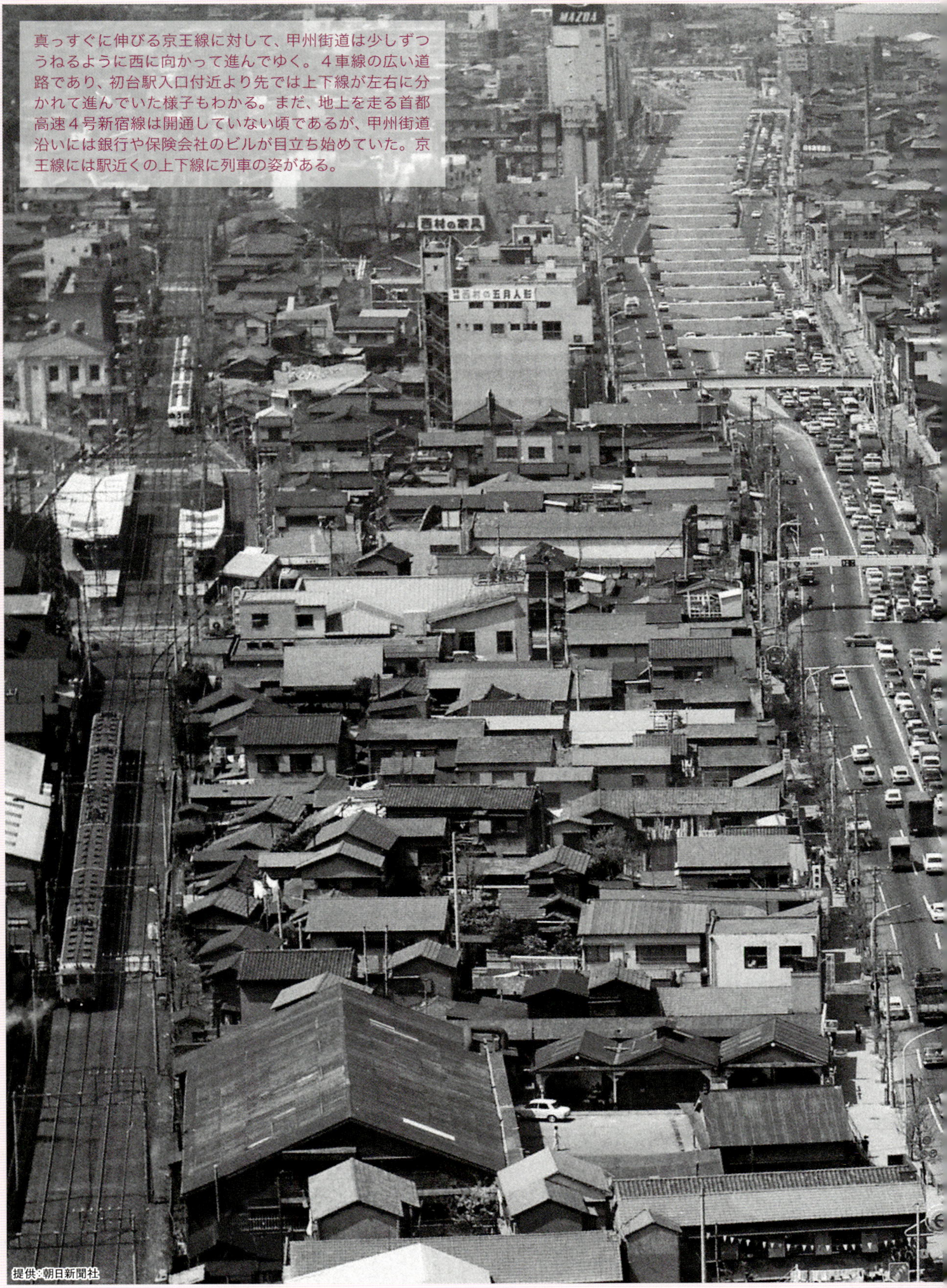

真っすぐに伸びる京王線に対して、甲州街道は少しずつうねるように西に向かって進んでゆく。４車線の広い道路であり、初台駅入口付近より先では上下線が左右に分かれて進んでいた様子もわかる。まだ、地上を走る首都高速４号新宿線は開通していない頃であるが、甲州街道沿いには銀行や保険会社のビルが目立ち始めていた。京王線には駅近くの上下線に列車の姿がある。

提供：朝日新聞社

世田谷区に代田橋駅。明大前駅は井の頭線と接続
明大前駅は「火薬庫前」「松原」の駅名時代も

代田橋駅、明大前駅

【代田橋駅】 開業年：大正2（1913）年4月15日
所在地：東京都世田谷区大原2-18-9
キロ程：4.4キロメートル（新宿起点）　駅構造：地上駅
ホーム：2面2線　乗降人数：19,955人

【明大前駅】 開業年：大正2（1913）年4月15日
所在地：東京都世田谷区松原2-45-1
キロ程：5.2キロメートル（新宿起点）　駅構造：地上駅（高架駅）
ホーム：各2面2線　乗降人数：61,476人

現在の代田橋駅。

現在の明大前駅。

上には京王線、下は井の頭線

笹塚駅の先（明大前方向）から、京王線の駅は世田谷区内となる。次の代田橋駅は、1913（大正2）年4月の開業である。現在の駅の構造は、相対式ホーム2面2線の地上駅で、傾斜地のために笹塚側は高架となり、駅舎は地下に設置されている。

京王線の主要駅のひとつで、特急の停車駅でもある明大前駅は、井の頭線との連絡駅である。開業は1913年4月で、当初は「火薬庫前」という駅名であった。これは、付近に陸軍の火薬庫が置かれていたからである。もともとは甲州街道沿いに江戸幕府の煙硝蔵が置かれたことに始まり、明治維新後は陸軍管轄となっていた。関東大震災後、築地本願寺の墓地が移転し、現在は築地本願寺和田堀廟所となっている。

1917（大正6）年に松原駅となり、1935（昭和10）年2月に現駅名の明大前駅へと変わっている。その2年前に開業した帝都電鉄の西松原駅も同時に駅名改称して、明大前駅となった。これは、明治大学予科（当時）が神田駿河台から駅北側に移転してきたことによる。駅は1階に改札口があり、2階に京王線のホームがあって相対式ホーム2面2線の構造となっている。井の頭線のホームは1階（地平）に置かれている。この付近は現在、地上区間で、駅の両側には踏切が設置されているが、2022年度の完成を目標に高架化の計画もある。

京王電鉄（京王線と井の頭線）の中では、1日の乗降客数が新宿、渋谷、吉祥寺、調布、下北沢駅に次ぐ第6位で、京王線だけで見ると第3位である。

提供：読売新聞社

代田橋駅にやってきた5000系（初代）編成の各駅停車。この5000系は長く京王の顔として活躍した。列車はここから終点である京王八王子駅に向かうこととなる。

撮影：荻原二郎

明大前駅のホームに停車する2000系編成の各駅停車。「グリーン車」とも呼ばれていた京王の主力車両である。

地上駅時代の代田橋駅の駅舎とホーム。上下のホーム間と改札は構内踏切で結ばれていた。

1960年
（昭和35年）

白文字で大きく「明大前駅」と記された駅看板が目立つ、木造時代の駅舎である。現在は専門店街「フレンテ明大前」が入る駅ビルに変わっている。未舗装の道路、駅前広場の姿は、ここから半世紀以上が経過した時間の長さを感じさせるものである。高架線を走る姿は京王線の電車であり、オーバークロスする井の頭線は掘割の線路を走っていた。

中央を走るのは環状七号線（環七通り）で、杉並区、世田谷区をほぼ南北に貫いている。東西方向に見える道路は、北（上）から水道道路、甲州街道（国道20号）で、その南側に京王線の線路が走る。首都高速４号新宿線はまだ開通していない。このあたりはかつて、玉川上水が流れていたが、現在はほとんどが暗渠化されている。しかし、代田橋駅付近ではそのまま地上に顔を出しており、水辺には桜の木が植えられていることで、春には花見の名所となっている。左上に見える学校は、専修大学附属高校である。

提供：読売新聞社

1964年
（昭和39年）

この時代の下高井戸駅は上下線のホームが食い違う形で、改札口も別々だった。写真は上りホームの駅舎と改札口である。

1913年に開業、一時は日大前駅の時代も
1925年に玉川電気鉄道が開業して連絡駅となる

下高井戸駅

現在の下高井戸駅。

開業年：大正2（1913）年4月15日
所在地：東京都世田谷区松原3-29-17
キロ程：6.1キロメートル（新宿起点）
駅構造：地上駅（橋上駅）
ホーム：2面2線　乗降人数：44,848人

北に首都高の永福パーキング

下高井戸駅は世田谷区松原3丁目に置かれているが、この先の京王線は一時、杉並区内を走ることとなる。このことでもわかるように、駅北西の一帯は駅名と同じだが、杉並区下高井戸1丁目、2丁目となっている。

この下高井戸駅は、東急世田谷線との連絡駅である。駅の開業は京王線が早く、１９１３（大正2）年4月である。付近に日本大学のキャンパスがあることから、１９３８（昭和13）年に日大前駅となり、１９４４年に京王・東急が合併したことで、もとの駅名（下高井戸）に戻っている。東急世田谷線（旧・玉電）の駅開業は１９２５年5月である。

現在の京王線の駅は相対式ホーム2面2線の地上駅で、橋上駅舎を有しているが、１９９３（平成5）年の改築前には、上下線それぞれに駅舎が置かれていた。また、東急世田谷線の駅は頭端式ホーム2面1線の地上駅で、京王線の下りホーム沿いに置かれている。

駅の北側には、甲州街道（国道20号）・首都高速4号新宿線が通り、永福パーキングエリアが存在する。首都高速4号新宿線には、高井戸インターチェンジが置かれているが、こちらはかなり離れた西にある。駅前から首都高速の下を通り、井の頭線の永福町駅と結ばれている永福通りは、南側では東急世田谷線に沿って松原、山下駅方面に進むこととなる。

①下高井戸駅

京王線と東急世田谷線が連絡する下高井戸駅である。1993年に橋上駅舎に変わる前、上下線別であった地上駅舎が見える。

②甲州街道

京王線の北を走る甲州街道には、下高井戸駅の北側に永福通りと交わる下高井戸駅入口交差点があり、北側には玉川上水が流れていた。

③神田川・東京電力総合グラウンド

ゆるやかに流れる神田川の南側には野球場、テニスコートをもつ東京電力総合グラウンドが存在した。現在は下高井戸おおぞら公園になっている。

地上駅だった頃の下高井戸駅。駅舎は東急世田谷線のものである。この駅前には青果店が店を構えていた。

下高井戸駅西側の踏切の風景で、通行量の多い場所だった。現在は自動遮断機に変わっている。

1926年に北沢車庫前駅として開業した歴史
京王線の車庫・工場は1983年、若葉台に移転

現在の
桜上水駅。

桜上水駅

開業年：大正15（1926）年4月28日
所在地：東京都世田谷区桜上水5-29-52
キロ程：7.0キロメートル（新宿起点）　駅構造：地上駅［橋上駅］
ホーム：2面4線　乗降人数：38,953人

南側には日大、桜ケ丘高校も

桜上水駅は京王線の開業時には置かれておらず、１９２６（大正15）年4月に北沢車庫前駅として開業している。１９３３（昭和8）年８月に京王車庫前駅へと改称し、１９３７年５月に現在の駅名である「桜上水」となった。

現在の駅の構造は島式ホーム２面４線を有する地上駅で、この駅舎は２００８（平成20）年６月から使用されている。以前は、地下コンコースでホーム間が結ばれていた。また、かつての駅名でもわかるように、この駅の北側には京王線の車庫・工場が置かれていた。桜上水工場・桜上水検車区は１９８３（昭和58）年に若葉台工場・若葉台検車区に移転したが、一部が電車留置線として残されている。

「桜上水」の地名は、「桜」と「上水」を組み合わせたもので、駅の北側を流れる玉川上水の堤に桜並木があることに由来する。１９３７（昭和12）年に駅名となり、１９６７年に「上北沢」から分離する形で、「桜上水」１～５丁目の住居表示が生まれた。

この駅の南側には日本大学文理学部・日本大学櫻丘高校がある。日大文理学部は１９３７年に同校の世田谷予科として誕生し、戦後に文学部を経て、１９５８（昭和33）年に文理学部となった。隣接する日本大学櫻丘高校は１９５０（昭和25）年に日本大学世田谷高校として創立され、１９６１（昭和36）年に現在の校名となっている。

提供：読売新聞社

現在は橋上駅舎に変わっている、桜上水駅の地上駅舎時代の姿である。この当時は構内踏切で２つの駅舎とホーム間を連絡していたが、後に地下通路で結ばれるようになった。２つのホームの外側には、それぞれ停車する列車の姿が見える。現在は移転したが、この頃は西側の線路沿いに桜上水工場と検車区が存在し、北口側に鉄道施設の敷地が広がっていたことがわかる。

車庫と工場が若葉台に移転し、駅構内に余裕ができたことで、桜上水駅の地上駅舎は道路側から後退し、駅前には広い区間が確保された。現在は橋上駅舎に変わり、キッチンコート桜上水店になっている。

1986年
（昭和61年）

撮影：荻原二郎

左下に高架駅に変わる前の八幡山駅が見えるが、当時は相対式２面２線のホーム構造であった。駅の東側には北を走る甲州街道に続く道路が見え、この道路は世田谷区と杉並区の境界線となっている。八幡山駅の所在地は杉並区上高井戸１丁目であるが、すぐ南東に存在する八幡山駅前郵便局は、世田谷区八幡山３丁目に置かれている。現在、駅の西側を走る環八通りは、この時期まだ開通していない。

撮影：荻原二郎

高架駅に変わる前の八幡山駅の地上駅舎である。環八通りとの交差問題などで、京王線の中でかなり早い時期に高架化された。

1913年に上北沢駅が開業、一時「北沢」に
八幡山駅は京王線で杉並区唯一の駅、区内最南端

上北沢駅、八幡山駅

【上北沢駅】 開業年：大正２(1913)年４月15日
所在地：東京都世田谷区上北沢４-14-３
キロ程：7.8キロメートル(新宿起点)　駅構造：地上駅
ホーム：１面２線　乗降人数：15,165人

【八幡山駅】 開業年：大正７(1918)年５月１日
所在地：東京都杉並区上高井戸１-１-11
キロ程：8.4キロメートル(新宿起点)　駅構造：高架駅
ホーム：１面４線　(通過線含む)　乗降人数：42,570人

現在の上北沢駅。

現在の八幡山駅。

八幡山は明大・ラグビー聖地

上北沢駅の開業は１９１３(大正２)年４月であり、上北沢駅として開業したものの１９１７年に北沢駅に改称。１９３２(昭和７)年12月、再び現在の駅名である「上北沢」に戻った。

現在の駅の構造は、島式ホーム１面２線の地上駅で、駅舎は地下に置かれている。１９９４(平成６)年までは、構内踏切が設置されていた。隣の桜上水駅とは０・８キロ、八幡山駅との距離は０・６キロとかなり短い。これは１９１８年に当時の松沢駅(現・八幡山駅)が新たに開業したことによるものだ。

この八幡山駅は、京王線では唯一の杉並区内の駅で、区内最南端に位置している。所在地は杉並区上高井戸１丁目であるが、世田谷区との区境にあり、杉並区の南端が世田谷区側に突き出した形となっており、駅構内の一部は世田谷区に跨っている。また、「八幡山」の住居表示は南側の世田谷区内に存在し、地名の由来となった歴史の古い八幡山八幡神社が鎮座している。

八幡山駅は、１９１８(大正７)年５月に松沢駅として開業している。開業当初の駅舎は、現在地よりも東側に位置していた。当時、この駅の周辺は東京府荏原郡の松沢村で、村名から採られた形である。その後、松沢村は東京市に編入され、世田谷区の一部となった。１９３７(昭和12)年９月に現在の駅名である「八幡山」に改称している。

駅の構造は島式ホーム１面２線の高架駅で、外側に通過線２本が存在する。１９７０(昭和45)年に高架化され、現在は高架下に商業施設「京王リトナード八幡山」がある。

駅の西側には、環八通り(環状八号線)が走っており。駅の南には明治大学八幡山第二合宿所・

提供：読売新聞社

八幡山グラウンドがある。大学ラグビーの強豪として知られるラグビー部のグラウンドのほか、陸上競技場、サッカー場などが存在し、北側には甲州街道（国道20号）が走っている。

1960年（昭和35年）

所蔵：田中健三

昭和30年代初めまでは、上下線のホームが食い違う軌道線タイプの駅だったが、その後、このような小さな島式1面2線のホームをもつ駅に変わっていた。

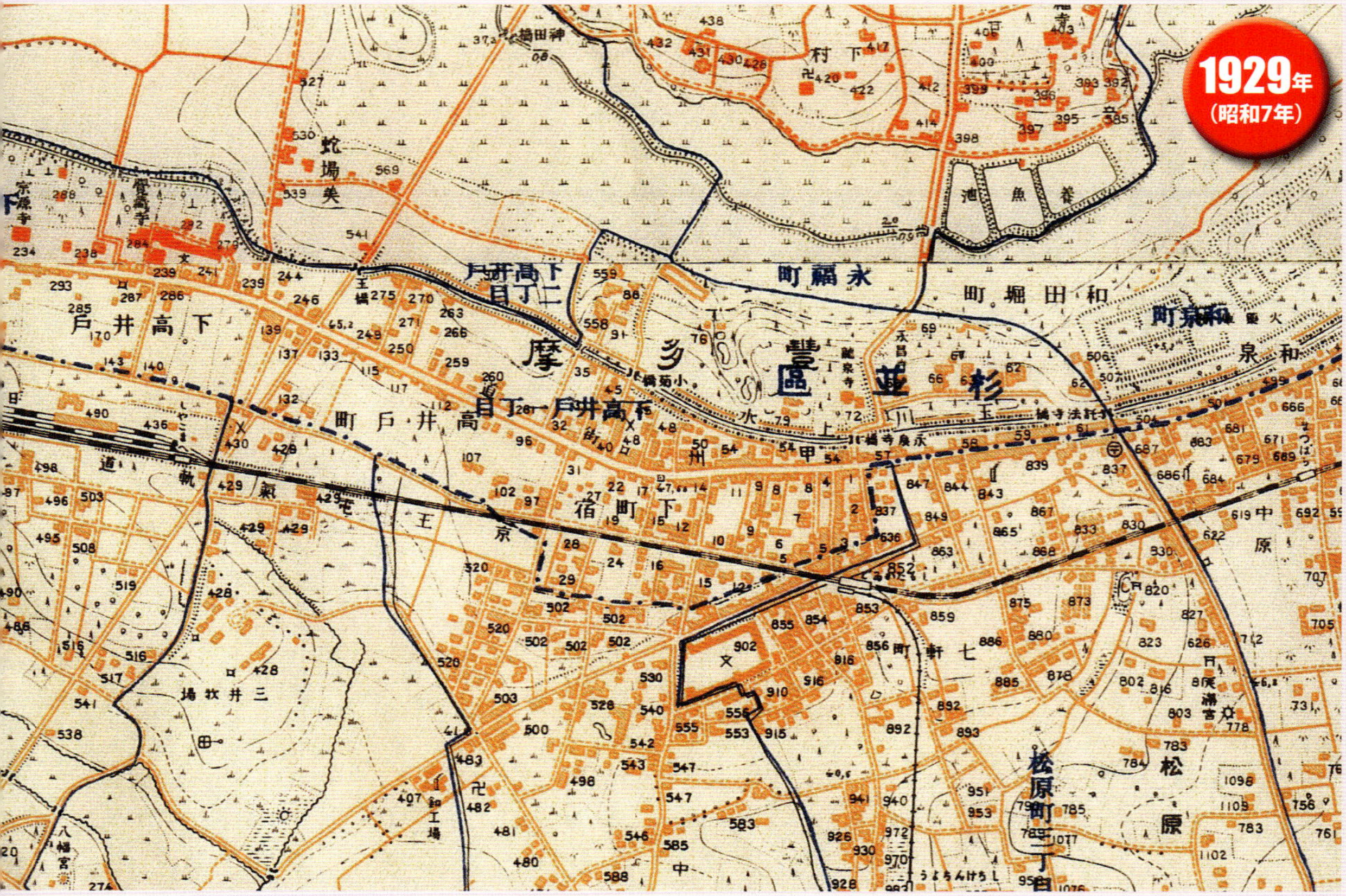
1929年
(昭和7年)
杉並區
永福町
和田堀町
下高井戸
松原
三井牧場
中原

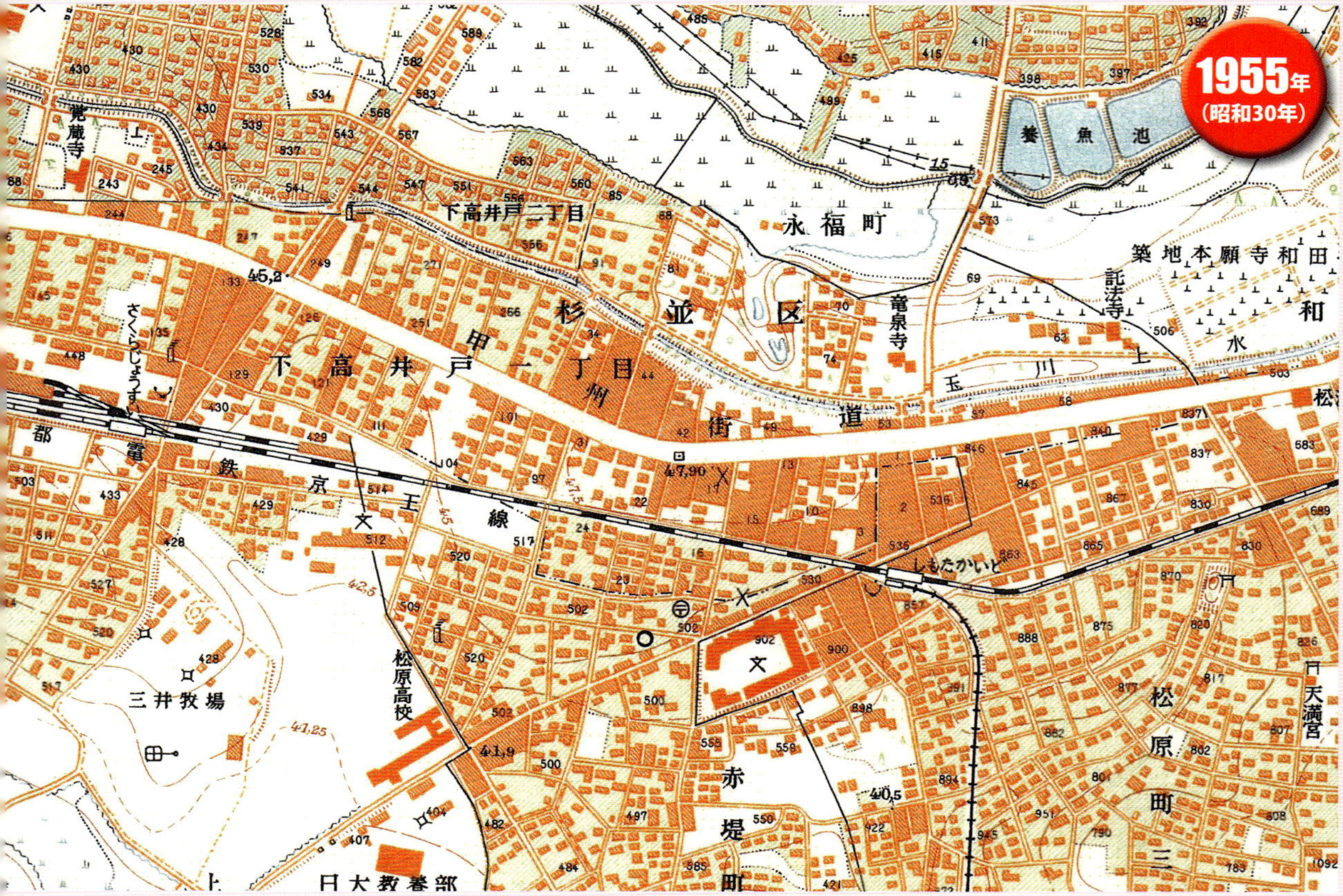
1955年
(昭和30年)
杉並区
永福町
下高井戸二丁目
下高井戸一丁目
甲州街道
竜泉寺
築地本願寺和田
託法寺
玉川上水
都電
京王線
しもたかいど
さくらじょうすい
養魚池
覚蔵寺
松原高校
三井牧場
天満宮
松原町三
赤堤町
日大教養部

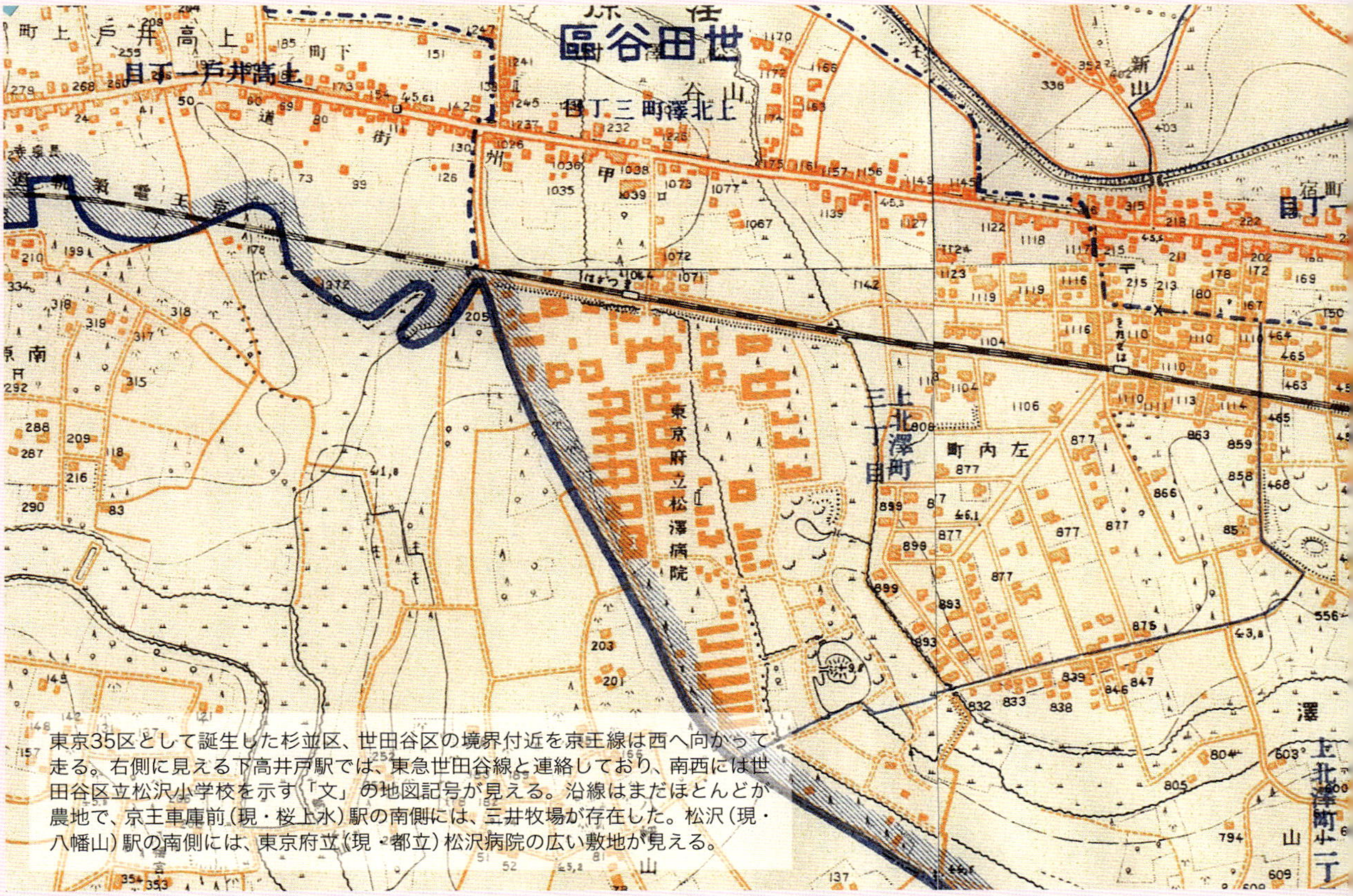

東京35区として誕生した杉並区、世田谷区の境界付近を京王線は西へ向かって走る。右側に見える下高井戸駅では、東急世田谷線と連絡しており、南西には世田谷区立松沢小学校を示す「文」の地図記号が見える。沿線はまだほとんどが農地で、京王車庫前（現・桜上水）駅の南側には、三井牧場が存在した。松沢（現・八幡山）駅の南側には、東京府立（現・都立）松沢病院の広い敷地が見える。

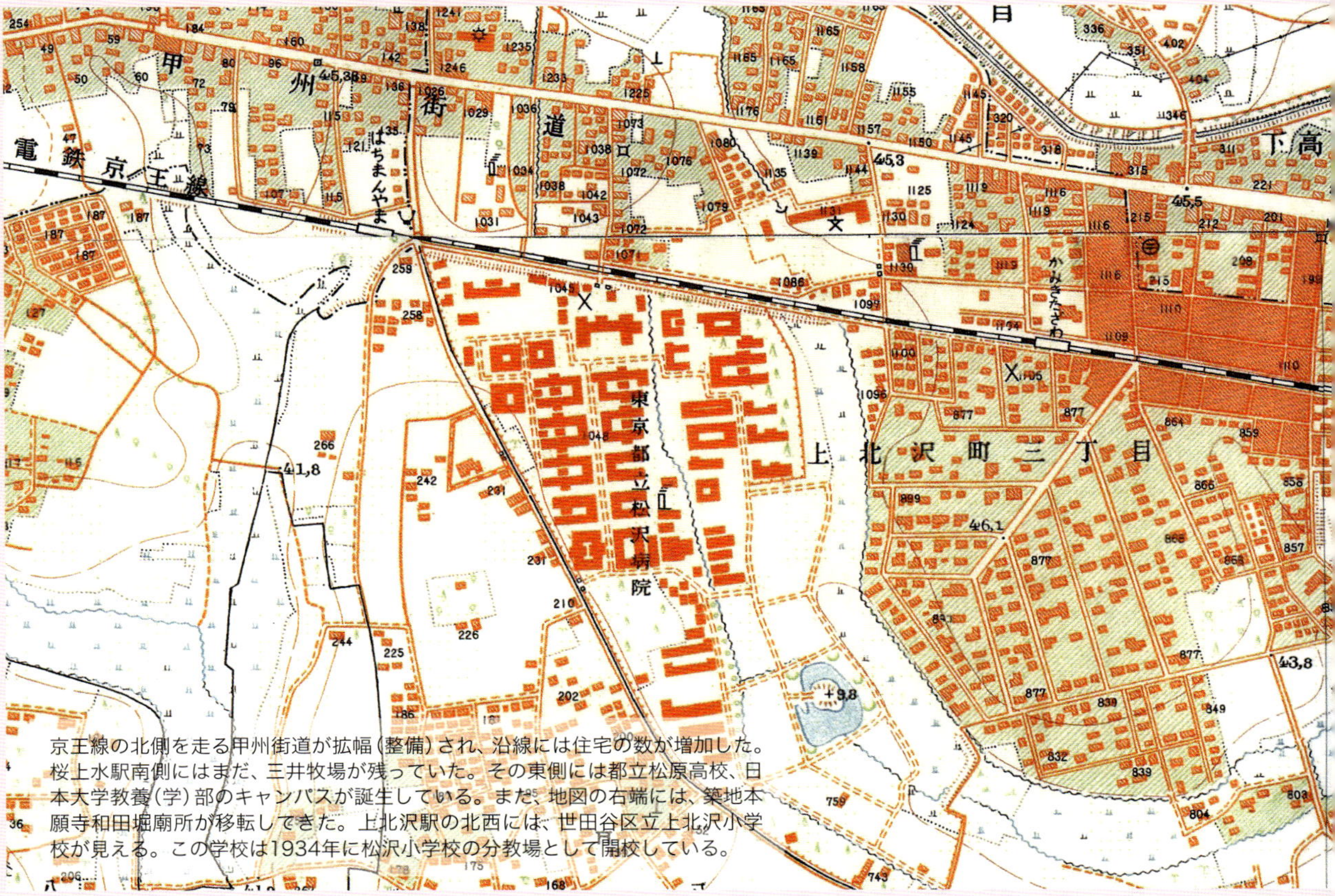

京王線の北側を走る甲州街道が拡幅（整備）され、沿線には住宅の数が増加した。桜上水駅南側にはまだ、三井牧場が残っていた。その東側には都立松原高校、日本大学教養（学）部のキャンパスが誕生している。また、地図の右端には、築地本願寺和田堀廟所が移転してきた。上北沢駅の北西には、世田谷区立上北沢小学校が見える。この学校は1934年に松沢小学校の分教場として開校している。

芦花公園駅は1913年に上高井戸駅として誕生
京王線主要駅の千歳烏山には特急以外の全列車停車

芦花公園駅、千歳烏山駅

【芦花公園駅】 開業年：大正2（1913 3）年4月15日
所在地：東京都世田谷区南烏山3- 1-16
キロ程：9.1キロメートル（新宿起点）　駅構造：地上駅（橋上駅）
ホーム：2面2線　乗降人数：14,429人

【千歳烏山駅】 開業年：大正2（1913）年4月15日
所在地：東京都世田谷区南烏山6- 1- 1
キロ程：9.9キロメートル（新宿起点）　駅構造：地上駅
ホーム：2面2線　乗降人数：80,354人

現在の芦花公園駅。

現在の千歳烏山駅。

環八通りを越えて芦花公園駅へ

再び世田谷区内を走ることになった京王線は、次の芦花公園駅に至る。この駅は1913（大正2）年4月に上高井戸駅として開業し、1937（昭和12）年に現駅名の「芦花公園」に改称した。現在の駅名は、駅の南側に存在する「蘆花恒春園」（芦花公園）に由来する。ここは文豪、徳富蘆花の旧邸で、蘆花没後の1936（昭和11）年に東京市に寄付され、1938年に開園した。また、付近には世田谷文学館も存在する。

芦花公園駅の構造は相対式ホーム2面2線の地上駅で、橋上駅舎を有している。さかのぼれば、以前は地上駅舎で1982（昭和57）年に地下駅舎となり、2010（平成22）年に現在の橋上駅舎が完成した。

次の千歳烏山駅は特急以外の全列車が停車し、京王線の主要駅のひとつである。1913（大正2）年4月に烏山駅として開業。1929（昭和4）年8月に現駅名の「千歳烏山」に改称した。現在の駅の構造は相対式ホーム2面2線の地上駅で、2011（平成23）年に現在のような地上の改札口となった。

千歳烏山の駅名は、2つの地名「千歳」と「烏山」を組み合わせたものである。かつては烏山村が存在し、1889（明治22）年に八幡山村、船橋村などと合併し、神奈川県北多摩郡に千歳村が誕生した。その後、1893（明治26）年に東京府に組み入れられ、1936（昭和11）年に東京市に編入されて、世田谷区の一部となった。小田急線には「千歳」を冠した千歳船橋駅が置かれている。

提供：読売新聞社

西側一帯には空き地が目立つ千歳烏山駅の周辺。駅の北側に見える「文」の地図記号は、現在は移転した世田谷区立烏山小学校である。

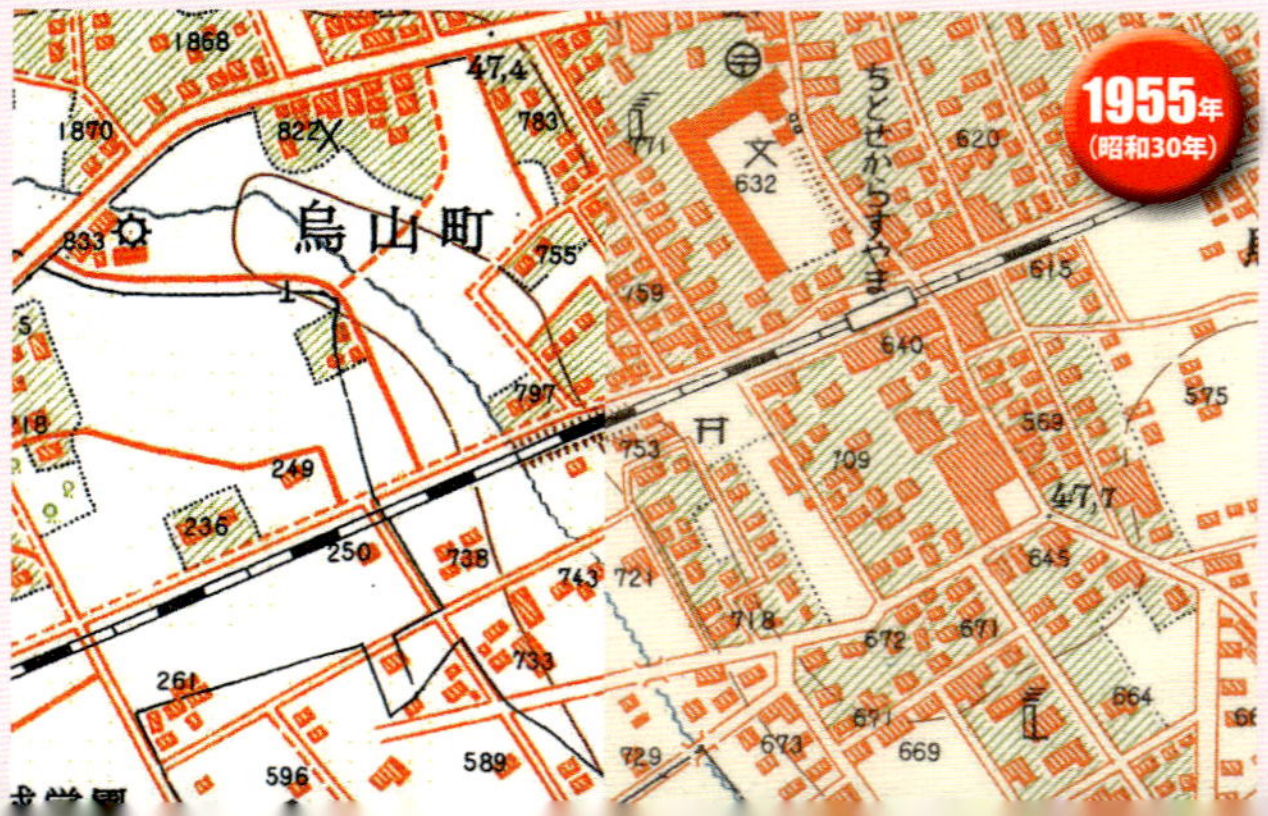

蘆花恒春園の玄関口だった芦花公園駅。地上駅舎は小さく、売店ではなくスタンド形式で雑誌などが売られていた。

賑わいを見せている昭和中期の千歳烏山駅の駅前風景。周辺のスペースは狭かったが、商店街が発達していた。

1960年
(昭和35年)

1957年までは島式ホーム２面４線を有していた千歳烏山駅だが、ホーム延長のために相対式ホーム２面２線に変更された。右奥に木造の小さな駅舎が見え、手前の幅の狭い踏切とともに、すぐ向こう側にも構内踏切が設けられていた。その後、北口などの駅舎は改築されたが、現在も橋上駅舎は設置されておらず、将来の高架化計画では、再び２面４線の構造に戻ることになっている。

1964年（昭和39年）

提供：読売新聞社

①調布市立第八中学校（予定地）

調布市立第八中学校の予定地。この当時は農地であったが、1977年に調布市内で最も新しい中学校として開校している。

②甲州街道

千歳烏山駅付近では京王線と甲州街道は離れた北側を走っていたが、この仙川駅付近では再び接近して、ほぼ並行に南西に向かってゆく。

③松原通り

松原通りは武蔵野市と狛江市を結ぶ都道で、駅の北から甲州街道（重複）をへて南下し、東側を進む。

④仙川駅

この当時は島式ホーム1面2線であったが、1996年に上りホームが増設された。掘割の中にホームがある、半地下構造の駅である。

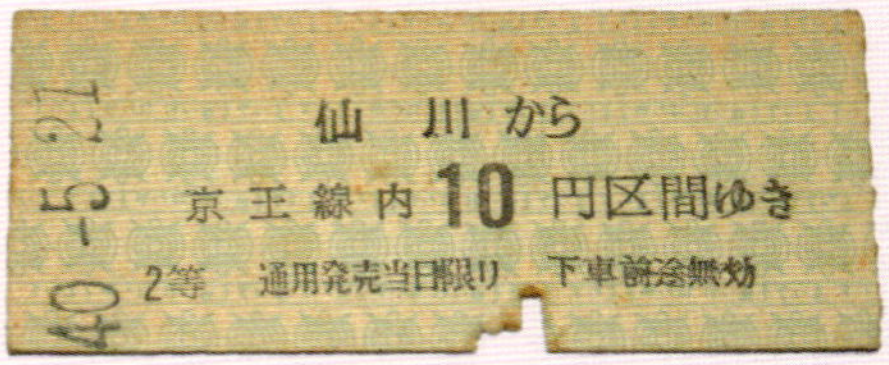

調布市に仙川駅、開業時は下仙川駅を名乗る
桐朋学園大学・短大、白百合女子大学の最寄り駅

仙川駅

現在の仙川駅。

開業年：大正2（1913）年4月15日
所在地：東京都調布市仙川町1-43
キロ程：11.5キロメートル（新宿起点）
駅構造：地上駅（半地下構造）
ホーム：2面2線　乗降人数：80,005人

北東を流れる川が駅名の由来

南西に進む京王線が仙川の橋梁を越えると、調布市に入って最初に到着するのが仙川駅である。開業は1913（大正2）年4月で、京王電気軌道の下仙川駅として誕生した。1917（大正6）年に現在の駅名である「仙川」に改称している。駅名は北東を流れる仙川から採られている。

仙川駅は単式ホーム2面2線で、掘割の中に置かれた半地下の構造である。以前は島式ホーム1面2線であったが、1996（平成8）年10月に上りホームが増設された。特急、準特急、急行は通過し、区間急行、快速、各駅停車が停車する。駅の北側には甲州街道（国道20号）が通っており、東側から南に都道114号（松原通り）が走る。また、南側には都道118号が通っている。

駅南側には桐朋学園大学・芸術短大などからなる桐朋学園（女子部門・音楽部門）がある。その起源は1940（昭和15）年に設立が認可された山水育英会で、翌年に山水中学校・山水高等女学校が設立された。戦後、1947（昭和22）年に桐朋学園となり、1961（昭和36）年に桐朋学園大学が誕生した。現在、男子部門は国立市、女子部門は調布市（仙川）にキャンパスがあるほか、富山市にもキャンパスを設けている。

駅の北側には白百合女子大学のキャンパスがある。前身は1881（明治14）年に設立された高等女子仏英和学校で、1950（昭和25）年に白百合短期大学が開学。1965（昭和40）年に白百合女子大学となり、現在地に移転している。

堀割の中にホームが設けられている仙川駅では、ホームと駅舎の間は跨線橋で結ばれていた。1996年にホームが増設されて、この島式ホーム１面２線から単式２面２線に改められた。

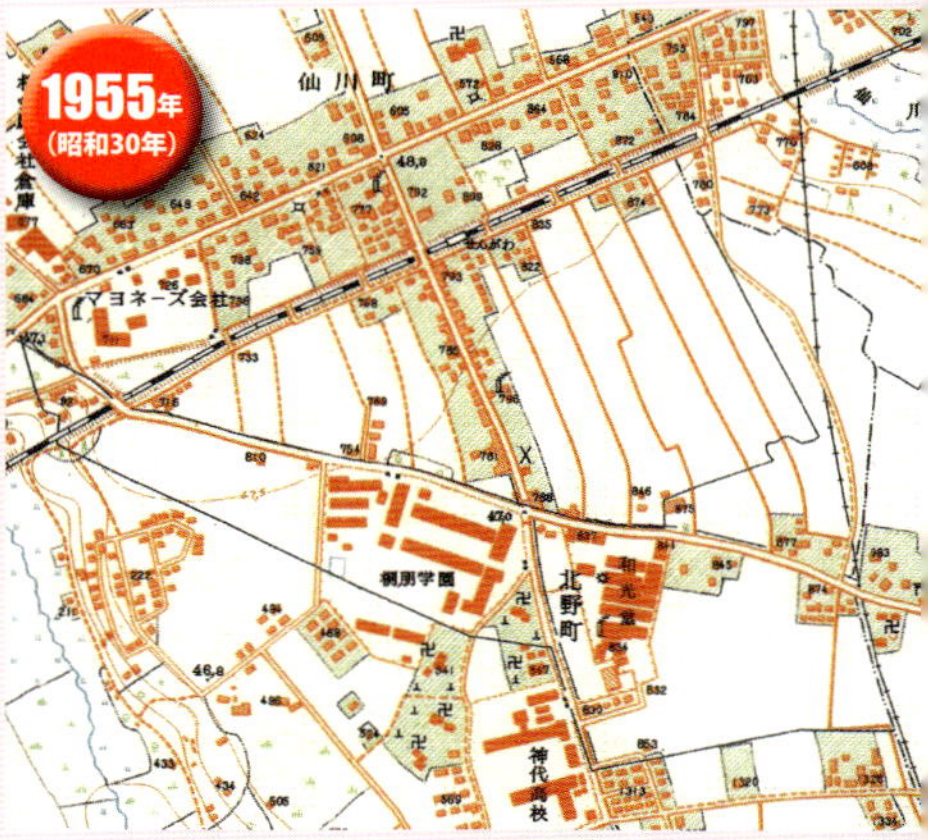

仙川駅の南側には桐朋学園、都立神代高校のキャンパスが見える。西側には、マヨネーズ会社(キューピー)の工場が置かれていた。

金子駅として1913年に甲州街道上で開業
移転後に住宅地開発、1957年につつじヶ丘駅へ

現在のつつじヶ丘駅。

つつじヶ丘駅

開業年：大正2（1913）年4月15日
所在地：東京都調布市西つつじヶ丘3-35-1
キロ程：12.5キロメートル（新宿起点）　駅構造：地上駅（橋上駅）
ホーム：2面4線　乗降人数：45,419人

京王が開発した住宅地が広がる

つつじヶ丘駅は1913（大正2）年4月に金子駅として開業している。開業当初は甲州街道上にあり、1927（昭和2）年12月に現在地に移転し、1957（昭和32）年5月に現在の駅名「つつじヶ丘」に改称した。駅の構造は島式ホーム2面4線で、2011年3月から、橋上駅舎が使用されている。特急、準特急は通過し、急行、区間急行、快速、各駅停車が停車する。「つつじヶ丘」の駅名は、京王帝都電鉄が開発した住宅地の名称に由来する。この駅の北側は高台になっており、沿線でもいち早く、1957年から住宅地として分譲が開始された。「つつじヶ丘」の名称（地名）の由来には諸説が存在し、江戸時代から有名であった大久保のツツジをこの地の別荘の住人が移植したという説、近所にツツジ園があったという説などが存在する。なお、このあたりは三鷹市南部との境界付近にもあたる。

このつつじヶ丘駅は、武蔵野の古刹として有名な、深大寺の最寄り駅としても知られている。調布市内北部の武蔵境通り沿いには神代公園が広がり、その南側に天台宗別格本山の深大寺がある。日本三大だるま市のひとつ「深大寺だるま市」の開催（3月）があり、7月には「深大寺鬼燈まつり」（ほおずき市）も開かれる。

また、豊かな水を使用した「深大寺そば」を目当てに訪れる人も多い。この駅からバスで行く人も多いが、京王線では調布駅、布田駅からもほぼ等距離にある。

提供：読売新聞社

京王電鉄で初のステンレス車である7000系が、つつじヶ丘駅付近で従来の主力車である5000系とすれ違う。京王線でも主力車両が交替する時期を迎えていた。

撮影：荻原二郎

撮影：荻原二郎

平屋建ての地上駅舎だった頃のつつじヶ丘駅。その後、駅ビルになった後、2011年に現在のような橋上駅舎をもつ地上駅となった。新宿駅における「京王ビル竣工　京王百貨店開店　11月1日」を示す看板が見える。

1957年に２面４線のホームになったつつじヶ丘駅は、北口に大きな駅前広場を備え、甲州街道に向かって広い道路が通っている。この当時の駅舎は北口側のみで、南口が開設されておらず、道路なども見えない。農地が残っている南口側に対して、北口側にはかなり住宅が建っている。駅の北東に校舎、グラウンドが見えるのは調布市立滝坂小学校で、1873年に開校した歴史の古い学校である。

①野川

国分寺市内に源をもつ野川は、小金井市・調布市・三鷹市を通り、再び調布市に入って京王線と交差して、蛇行しながら南東に流れてゆく。

②甲州街道・旧甲州街道入口

京王線と並行して進む旧甲州街道に対して、現在の甲州街道（国道20号）はほぼ真っすぐ西に向かうこととなる。

③京王線

京王線の柴崎～国領間であり、野川を越える橋梁が見える。柴崎～国領間の距離は0.9キロで、この付近ではやや長いほうである。

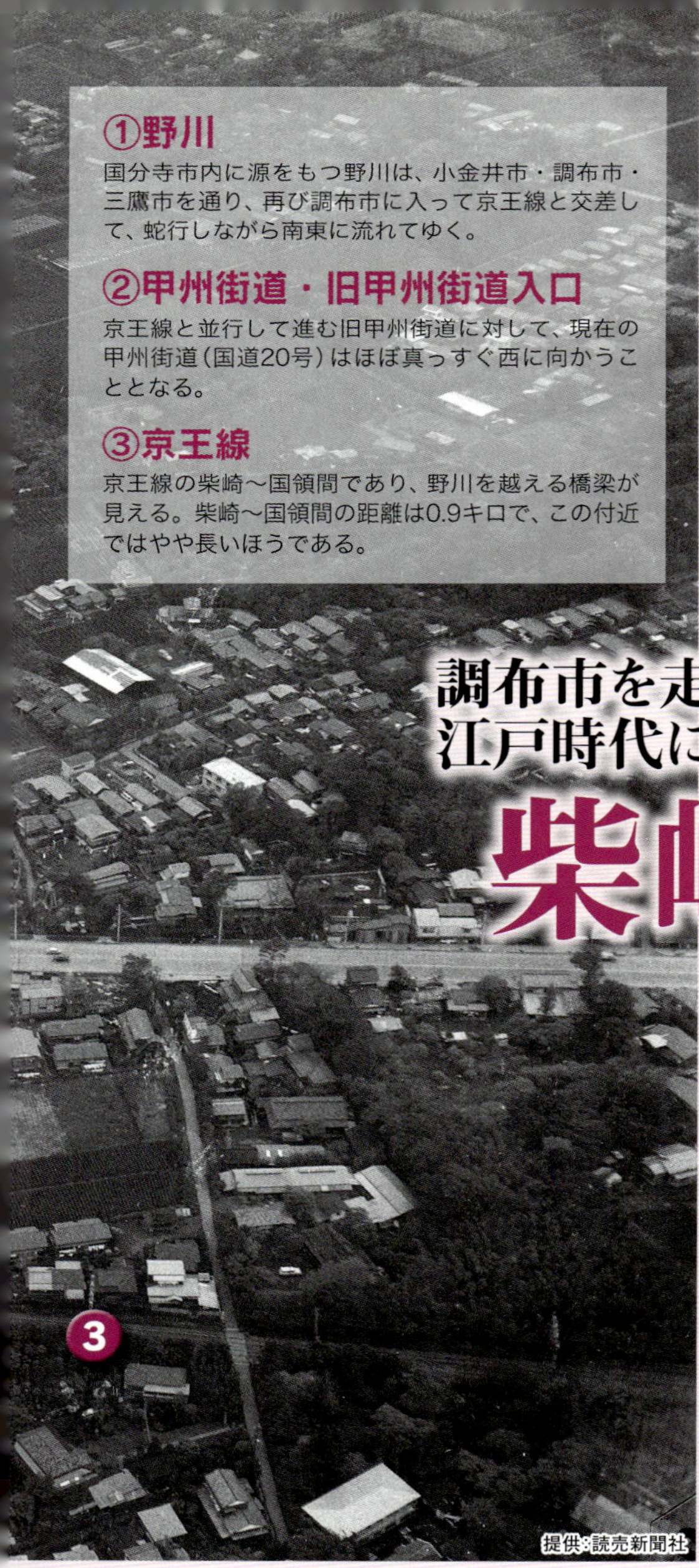

現在も相対式ホームで、上下線に２つの駅舎がある柴崎駅。この頃は地下道ではなく構内踏切で結ばれていた。

調布市を走る京王線に柴崎、国領、布田の３駅
江戸時代には、甲州街道に「布田五宿」が存在

柴崎駅、国領駅 布田駅

現在の柴崎駅。

現在の国領駅。

現在の布田駅。

【柴崎駅】 開業年：大正２（1913）年４月15日
所在地：東京都調布市菊野台２-67-11
キロ程：13.3キロメートル（新宿起点）　駅構造：地上駅
ホーム：２面２線　乗降人数：17,436人

【国領駅】 開業年：大正２（1913）年４月15日
所在地：東京都調布市国領町３-18-１
キロ程：14.2キロメートル（新宿起点）　駅構造：地下駅
ホーム：１面２線　乗降人数：38,921人

【布田駅】 開業年：大正６（1917）年
所在地：東京都調布市国領町５-67-１
キロ程：14.9キロメートル（新宿起点）　駅構造：地下駅
ホーム：１面２線　乗降人数：16,638人

柴崎付近からは地下線区間に

京王線のつつじヶ丘～調布間には柴崎、国領、布田の３駅が置かれており、いずれも調布市内に位置している。２０１２（平成24）年８月に柴崎～西調布間が地下区間となり、国領駅と布田駅は地下駅に変わっている。

柴崎駅は１９１３（大正２）年４月の開業で、１９２７年12月に現在地に移転。この駅は地上駅で、駅の西側から地下に入ることとなる。柴崎駅から隣の国領駅にかけてはかつて、東京重機工業（現・ＪＵＫＩ）や島津製作所などが工場を構えていた。しかし、現在はほとんどが姿を消して跡地はマンションなどに変わっている。

国領駅は１９１３年４月の開業で、駅名を「北浦」などに変更した歴史をもつ。柴崎駅と同様に、１９２７年12月に現在地に移転している。駅の構造は島式ホーム１面２線で、２０１２年８月に地下駅となった。この駅も各駅停車のみが停車する。

布田駅は１９１７年に開業し、１９２７年に現在地に移転した。かつては相対式ホーム２面２線の地上駅で、地下駅舎、橋上駅舎の時代を経て、２０１２年８月に地下駅となった。この駅も各駅停車のみが停車する。

「布田」の地名は、「調布」と同様に多摩川の水でさらした「布」に由来する。江戸時代には、甲州街道の宿場が置かれ、「布田五宿」として栄えた。国領はこの五宿のひとつで、街道沿いに細長い宿場町を形成していた。また、「布田」は「布多」とも記され、布多天神社が存在する。

駅員のいる改札口があった頃の国領駅。出札口とともに自動券売機が設置されている。
右側に見える売店は、なかなか立派である。

撮影：荻原二郎

撮影：荻原二郎

2012年に地下駅に変わる約半世紀前の布田駅。改札口の数も少ない、小さな地上駅舎が使用されていた。

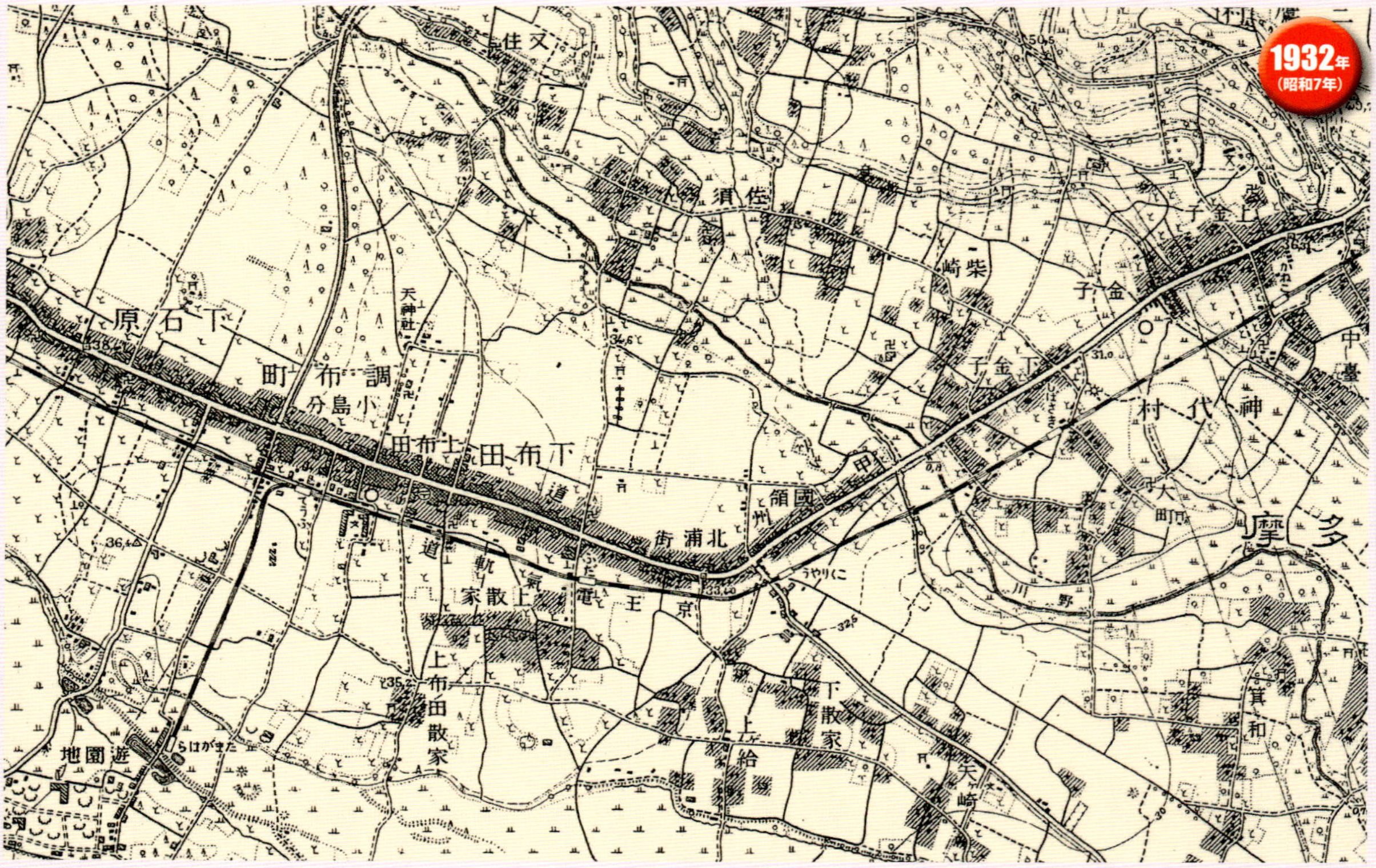

この区間の京王線は、くの字形に折れて西に進むこととなる。北側を走る甲州街道沿いには、人家（宿場）が続いているが、沿線には集落の数は少なかった。この頃、東側は神代村であり、西側は調布町であった。調布駅から南に延びる多摩川（現・相模原）線の終点は多摩川原駅であり、京王の人気遊園地である京王閣の玄関口となっていた。調布駅の北側には、布田天神社が鎮座している。

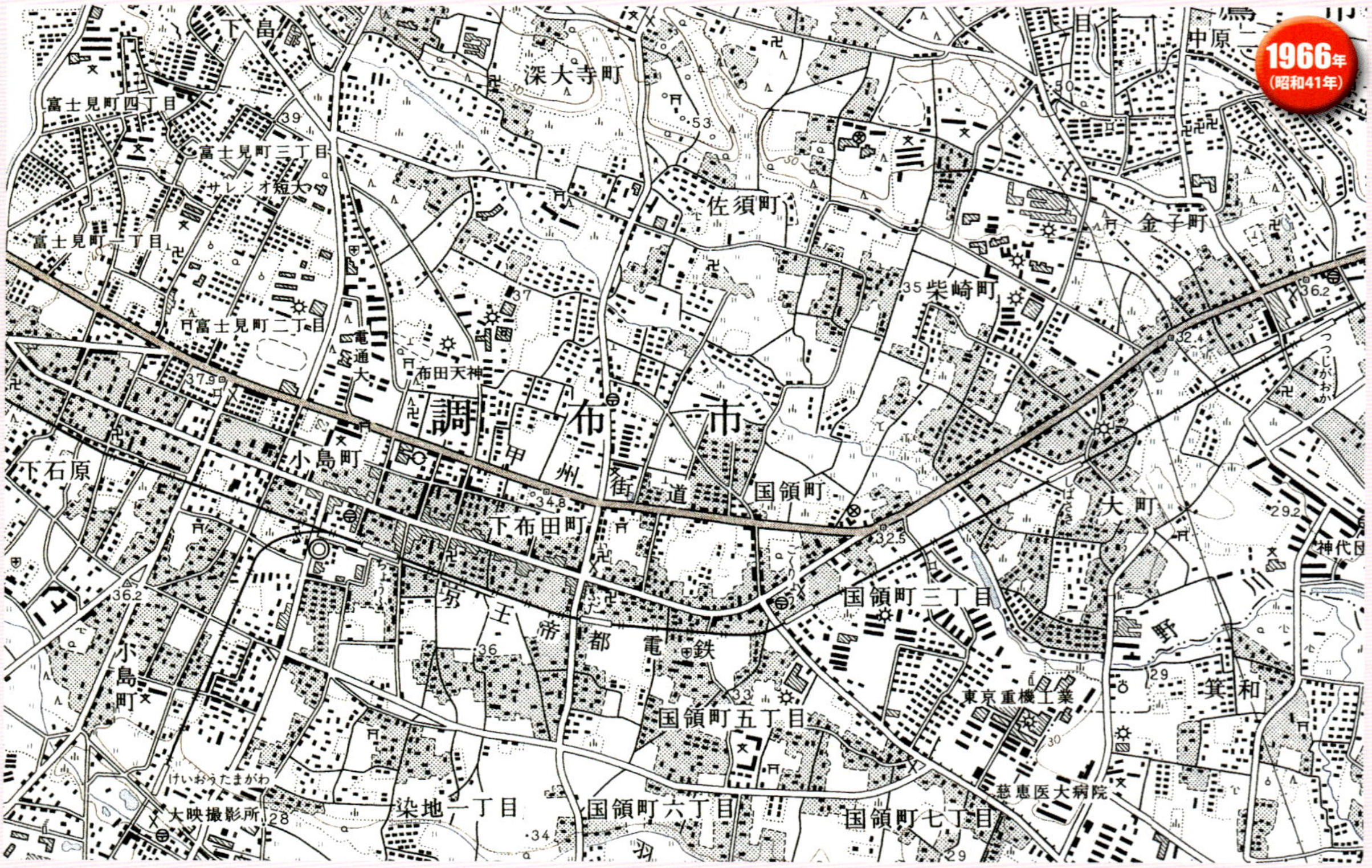

東側にあった金子駅は、つつじが丘駅に改称し、北側を中心に住宅地が開発されていた。甲州街道には、新道が誕生し、学校や施設も増えている。国領駅の南東には、東京重機工業の工場、慈恵医大病院が誕生している。調布町は調布市に昇格し、京王線の北側にあった町役場は、南側に市役所となって移転している。多摩川原駅から京王多摩川駅に変わった駅付近には、大映撮影所が見える。

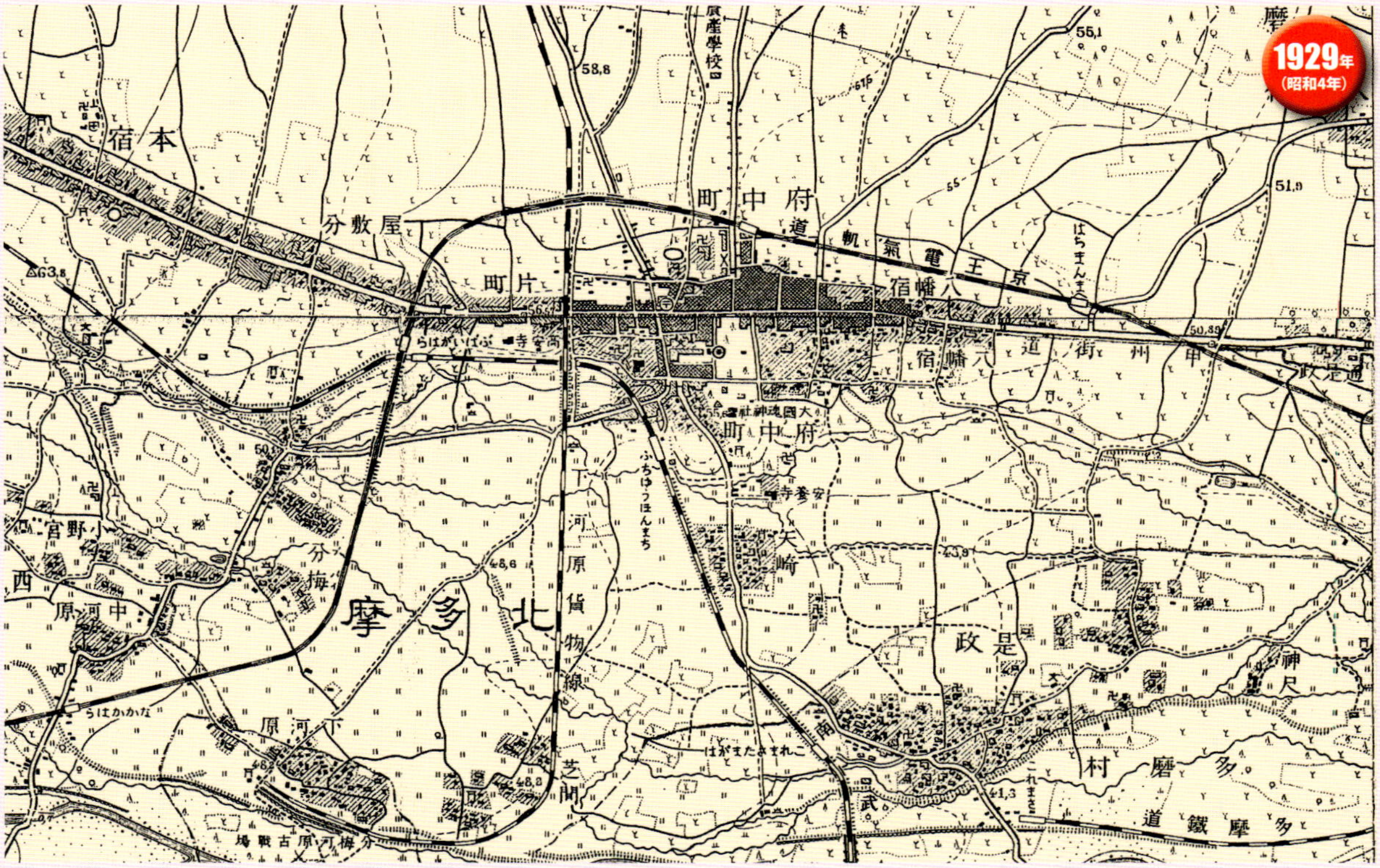

東京駅馬場が開場する前の府中駅周辺は大國魂神社、高安寺、安養寺といった寺社以外に目立つ施設は少なく、鉄道線がかなり目立っている。この当時は府中町で、南側は多磨村であった。鉄道線は京王線、南武鉄道（現・JR南武線）、多摩鉄道（現・西武多摩湖線）とともに、武蔵野線になる前の下河原貨物線が南北に走っていた。八幡前（現・東府中）駅から延びる京王の競馬場線は開通していない。

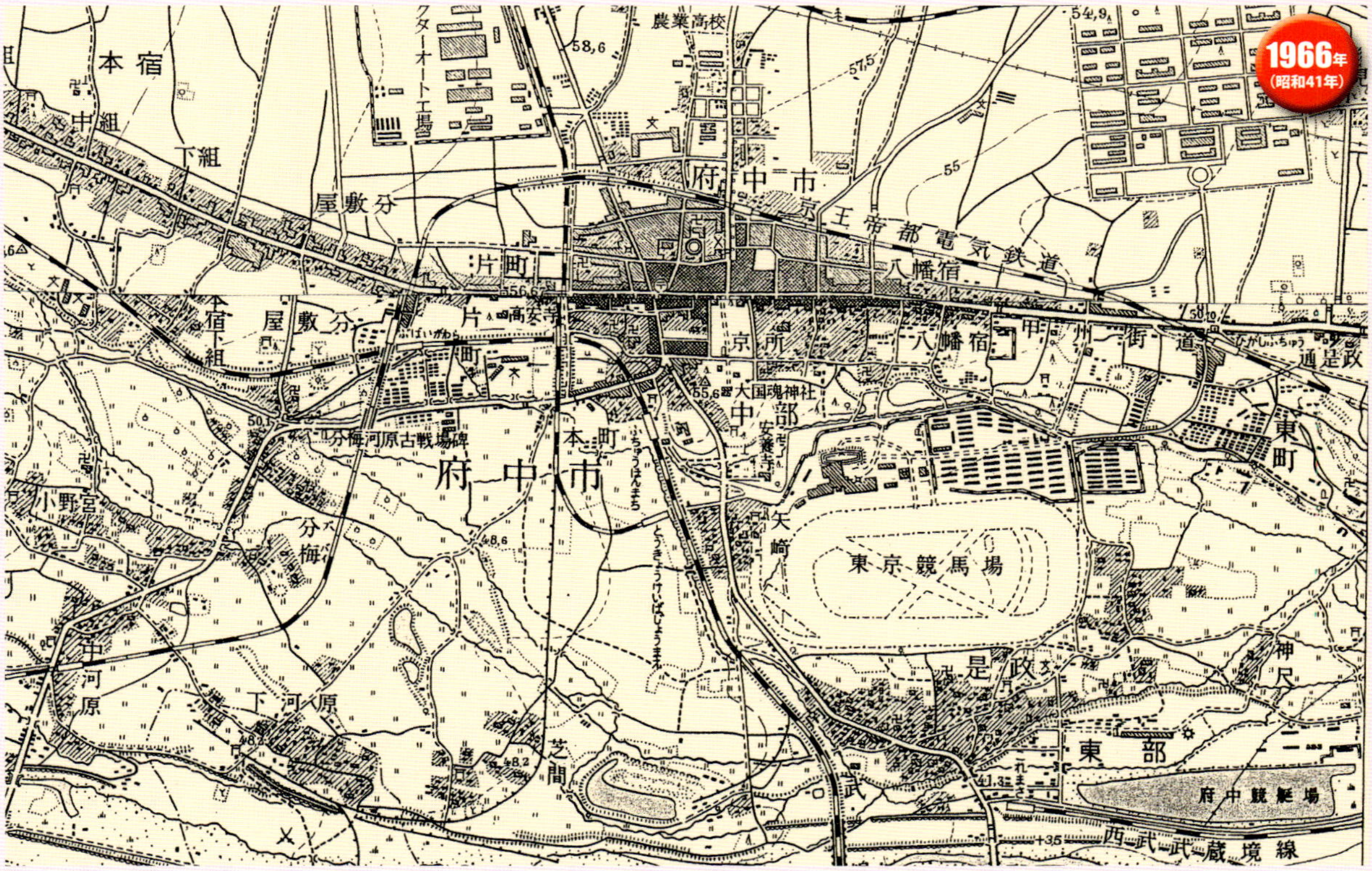

戦前の八幡前駅は東側に移転して、東府中駅に変わっているものの、京王の競馬場線は開通していない。一方、東京競馬場が誕生したことで、国鉄には下河原線の支線が生まれ、東京競馬場前駅が開業している。その南東には、西武武蔵境（現・多摩川）線の是政駅が最寄り駅の府中（多摩川）競艇場も誕生している。南武鉄道（現・南武線）時代に存在していた是政多摩川駅は廃止となった。

1960年
(昭和35年)

1990年
(平成2年)

撮影:山田虎雄

1990年3月に相模原線が全線開通したことを祝う、橋本駅行きの記念列車が調布駅に停車。

1913年に京王電気軌道の笹塚~調布間が開業
相模原線との分岐駅、2012年に地下駅化された

調布駅、西調布駅

現在の調布駅。

現在の西調布駅。

【調布駅】 開業年:大正2(1913)年4月15日
所在地:東京都調布市布田4-32-1
キロ程:15.5キロメートル(新宿起点)　駅構造:地下2階/地下3階
ホーム:1面2線/1面2線　乗降人数:119,639人

【西調布駅】 開業年:大正5(1916)年9月1日
所在地:東京都調布市上石原1-25-17
キロ程:17.0キロメートル(新宿起点)　駅構造:地上駅(橋上駅)
ホーム:2面2線　乗降人数:16,638人

古くは多摩川で「布を調えた」

調布駅は人口23万人を擁する調布市の中心駅で、特急をはじめとする全列車が停車する京王線の主要駅のひとつである。この調布駅で本線と相模原線が分岐している。

調布駅は1913(大正2)年4月、京王電気軌道が笹塚~調布間を開通したときに終着駅として開業している。1916年6月に現・相模原線の調布~多摩川原(現・京王多摩川)間が開業、9月に本線の調布~飛田給間が延伸して途中駅に変わっている。現在の駅の構造は、島式ホーム2面4線を有する地下駅で、地下2階と3階にそれぞれ1面2線のホームをもつ。

駅のある調布市は1889(明治22)年に上石原村と上布田村などが合併して調布町が成立している。当時は神奈川県北多摩郡で、1893(明治26)年に東京府に移管された。1955(昭和30)年に調布町と神代町が合併して調布市となった歴史をもつ。

「調布」の地名は、平安時代初期、中国から伝来した木綿をこの地で調えたことに由来する。このあたりには、帰化人(渡来人)が住み、多摩川でさらして作った布を「租庸調」の「調」として朝廷に献上していたため、「調布(たつくり)の里」と呼ばれるようになった。

西調布駅は1916(大正5)年9月に上石原駅として開業し、1959(昭和34)年6月、現駅名の「西調布」に改称した。開業当初の「上石原」は江戸時代に甲州街道に置かれていた布田五宿のひとつである上石原宿から採られた。現在の駅の構造は、相対式ホーム2面2線を有する地上駅で、2011(平成23)年1月から橋上駅舎が使用されている。

現在の地下駅に変わる半世紀前の調布駅である。調布市役所が移転したこともあり、現在は京王線の南側も大いに発展しているが、歴史的には甲州街道が通る北側が栄え、調布駅も北口がメインの改札口であった。この北口の地上駅舎は出札口、改札ボックスの数も多く、系列である「京王観光売店」も備え付けられていた。改札口と上下線のホームは地下通路で結ばれていた。

提供：読売新聞社

上石原駅として開業し、1959年に駅名を改称した西調布駅。駅東側の踏切の風景で、現在は北口にロータリーが設置されている。

撮影：荻原二郎

地平時代の調布駅付近。相模原線との分岐が平面交差であったため信号待ちが非常に多かった。

提供：朝日新聞社

住宅、マンションがびっしりと建ち並んだ、調布駅周辺の空撮写真である。現在は地下駅に変わって、地上踏切などは消え、周辺の風景も大きく変化している。調布駅は島式ホーム２面４線の構造で、ホームの長さも十分に取られていた。駅西側（上）では、相模原線が左側に大きくカーブしている。この分岐点の踏切があった付近には現在、調布パルコが存在する。この店は1989年に開店したが、その前には緑屋の店舗があった。この北側には西友調布店もある。

トルであった。会社がこの支線に寄せた期待は、貨車輸送による収益にあった。会社創立の際の収支計算書による収入見込総額24万7537円50銭の内訳は、乗客収入15万9687円50銭、砂利運賃・販売利益3万9600円、貨物収入1万8250円、電灯料3万円であって、貨物輸送に少なからぬ収益を見込んで、しかも、乗客収入に比べて、貨物収入が飛躍的に増加する可能性を秘めていた点から、「第1期線」は、会社経営の安定のためにも、支線の分岐点となる調布まででなければならなかったのである(『京王電気軌道株式会社30年史』、『近現代史料1』)。

京王の事業展開と調布

大正2年4月15日に開通した笹塚～調布間の軌道は、今日の調布市域における京王線の路線と一部異なっており、金子停車場から甲州街道の北に向かって、柴崎・国領の各停車場は街道の北に設けられて、布田停車場で街道と再び交差して南側に移っていた。笹塚～調布間12.2キロメートルの所要時間は約1時間、4両の車両が30分間隔で往復運転した。開業当時の車両は、車体長8メートル・定員44人のポール式木製4輪車を単車編成で使用し、保有車両数は6両、車体はクリームとチョコレートの2色塗装、運転台はオープンデッキ、車体横の中央に丸にKの字の社紋を掲げていた。

(中略)

京王電気軌道の開通は、甲武鉄道の開通によって変化した人と物の流れを再び調布に向ける結果となった。しかも、かつての甲州街道の宿駅としての流通の機能とは明らかに異質のものとしてである。しかし、調布の人々が電気鉄道の開業の効用を目に見える形で受け止めたのは、電灯・電力の供給であった。京王電気軌道株式会社は、明治44年(1911)7月4日、電気事業経営の認可を得て、供給地域として、荏原郡松沢村・北多摩郡・八王子を除く南多摩郡という指定も受けていた。これにより、電鉄事業の開業に先立って、大正2年1月1日に電気供給事業を開始している。

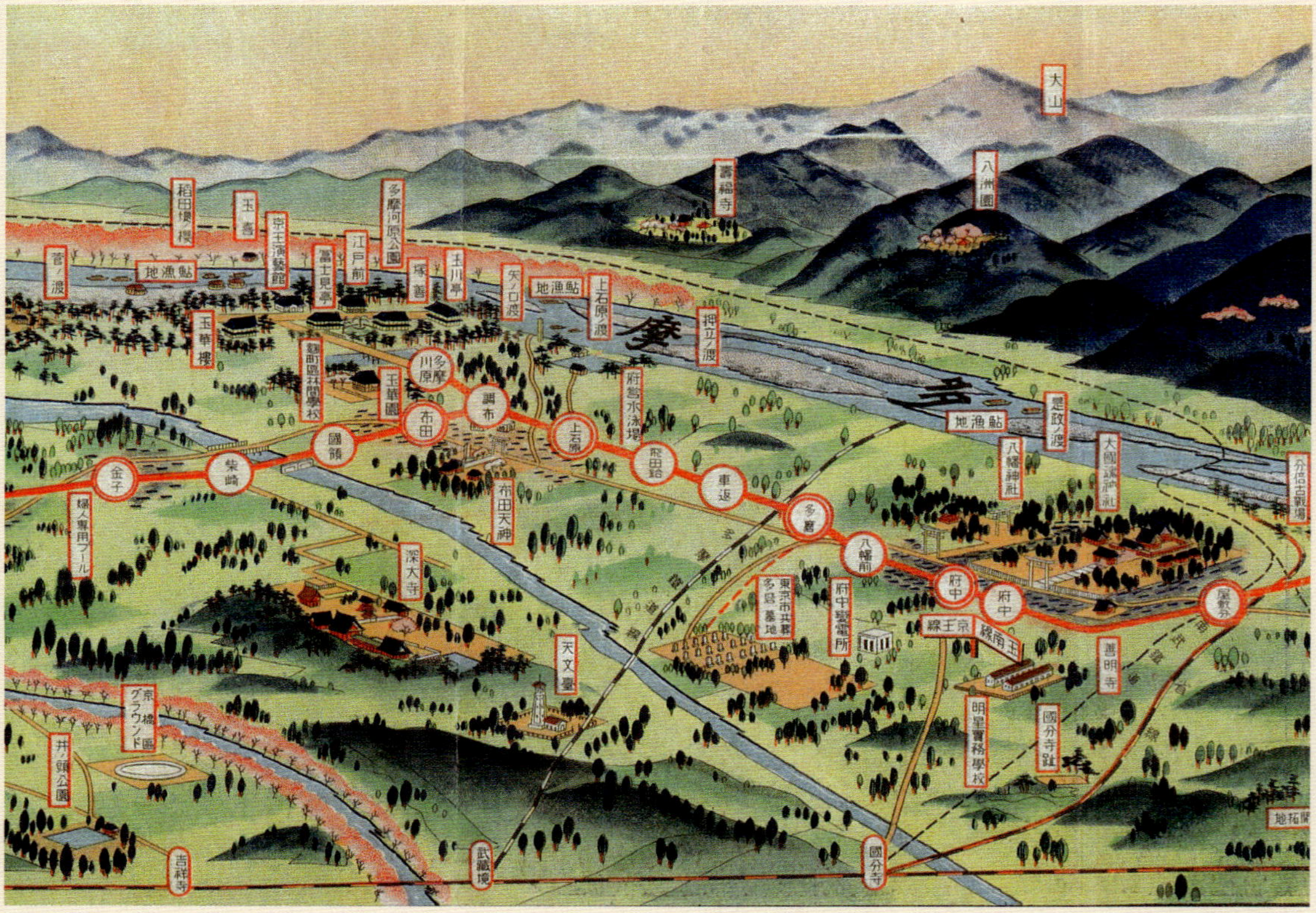

多摩川の北側(地図では下)を走る京王電気軌道沿線図。南側にそびえる丹沢の大山、八州園がかなり強調されている。多摩川に架かる橋はなく、矢ノ口の渡し、上石原の渡しなどがあり、鮎漁地も描かれている。多摩川原(現・京王多摩川)、上石原(現・西調布)、八幡前(現・東府中)、屋敷分(現・分倍河原)といった旧名の駅が記されている。

沿線市史

01 『調布市史』に登場する京王線

京王電気軌道

明治維新から今日に至る近現代の調布の歩みを振り返ったとき、その歩みの方向を規定したいくつかの画期を指摘することができる。大正初年における京王電気軌道の開通は、近世以来の布田五宿の面影を残しながら、緩やかな発展を続けていた調布の町の様相を急速に変えて、今日における都市化した調布の姿を形作った直接の契機となった点で、そのもっとも重要な画期の１つといってよいであろう。現在の京王線は、京王電気軌道株式会社の経営によって、大正２年（1913）４月15日、笹塚（豊多摩郡代々幡村大字幡ヶ谷字笹塚）～調布（北多摩郡調布町大字布田小島分）間において営業を開始したことに始まる。京王電気軌道株式会社は、明治43年（1910）９月21日の創立で、資本金125万円、電気軌道の敷設による一般運輸のほか、電灯・電力の供給、砂利の採掘と販売、不動産の所有・売買・賃貸などを目的として、創立時の経営陣には、取締役会長川田鷹、専務取締役利光丈平のほか、調布銀行の井上平左衛門が取締役に就任している。

（中略）

京王電気軌道株式会社の前身は、日本電気鉄道株式会社を改称して発足した武蔵電気軌道株式会社である。明治39年（1906）８月18日、武蔵電気軌道株式会社は、設立発起人渡辺熊之進ほか60名の名義をもって、旧日本電気鉄道株式会社の起業計画を変更して、①豊多摩郡内藤新宿町（３丁目55番）～淀橋町～代々幡村～北多摩郡調布町～府中町～立川村～南多摩郡日野町～八王子町（大字千人小字追分26番地）、②北多摩郡府中町（字新宿北9175番地）分岐～国分寺停車場（大字国分寺字殿ヶ谷戸官設鉄道踏切）、③北多摩郡立川村（字下立川1469番地）分岐～立川停車場（同村字中古新田3106番地官設鉄道踏切）、④北多摩郡調布町（大字国領389番地）分岐～狛江村～砧村～千歳村～荏原郡玉川村～調布村～池上村～矢口村～蒲田村（大字女塚字川田耕地420番地）という４路線の計画を出願している。武蔵電気軌道株式会社は、明治40年（1907）６月25日、④を除く３路線について、電気軌道敷設による一般運輸の営業の特許状と命令書を得たが、明治43年６月27日、武蔵電気鉄道（現、東京急行電鉄）との社名の「彼我混同ノ虞有之」との理由により、京王電気軌道株式会社への社名改称届を提出して、同年９月の会社設立を迎えた。

京王電気軌道の軌道敷設工事は、明治45年（1912）４月25日、豊多摩郡代々幡村大字代々木～北多摩郡府中町大字新宿間の工事施行の認可を得て、６月８日に起工した。調布町の調布尋常高等小学校校庭（現、調布駅南口広場）にて行われた起工式の席上、調布町長の矢田部茂八は、「吾等町民ハ日夜千秋営々トシテ之ガ敷設ヲ思フコト久シカリキ」という万感を込めた祝辞を述べている（『調布の近代』）。このときに着工した工区は、最初の営業区間となった笹塚～調布間である。笹塚～調布間の用地買収が進捗していたためであったが、創業まもない京王電気軌道株式会社にとって、資金面の問題から、認可路線の軌道敷設に、同時着工することはもちろん不可能であって、また、新宿～笹塚間には、線路変更を求める住民運動も存在して用地買収が進捗せず、軌道工事の技術的な難点もあって、笹塚～調布間の先行開業が方針として定まっており、用地買収も重点的に進められていたものと思われる。前年１月中には、調布町内における測量着手への動きが認められる。笹塚～調布間が開業区間に選ばれたもう１つの理由として、京王電気軌道株式会社の営業上の期待、つまり、調布から分岐する多摩川支線による砂利輸送と遊覧客の確保があったと考えられる。前述のように、同社の設立趣意書には、本線から分岐して多摩川と結ぶ計画を謳っていたものの、前身の武蔵電気軌道株式会社が認可を得ていた路線に多摩川への支線はなく、京王電気軌道として、新たに支線敷設の特許を受ける必要があった。そのため、京王電気軌道株式会社は、明治44年８月25日、本線の代々木～府中間の工事施行認可申請（同年12月15日）に先行して、調布から多摩川方面に分岐する支線の敷設を出願し、明治45年４月９日に特許を得ている。この多摩川支線は、現在の調布駅から京王多摩川駅付近まで、当時の調布町大字布田小島分255番地から同665番地に至る専用軌道1.1キロメー

飛田給駅北側の「味の素スタジアム」最寄り駅
武蔵野台駅の南側には、車返団地や住宅地が広がる

飛田給駅、武蔵野台駅

現在の飛田給駅。

現在の武蔵野台駅。

【飛田給駅】 開業年：大正5(1916)年9月1日
所在地：東京都調布市飛田給1-42-11
キロ程：17・7キロメートル(新宿起点)
駅構造：地上駅(橋上駅)
ホーム：2面3線　乗降人数：24,364人

【武蔵野台駅】 開業年：大正5(1916)年10月31日
所在地：東京都府中市白糸台4-18- 4
キロ程：18.8キロメートル(新宿起点)
駅構造：地上駅
ホーム：2面2線　乗降人数：25,458人

北側に調布インターチェンジ

飛田給駅は、調布市飛田給1丁目に置かれている。「飛田給」の地名・駅名の由来は、「給田」という荘園領主から給された「給田地」で「飛田給」となったという説、「悲田院」の「給田地」である「悲田給(ひでんきゅう)」から転じたという説がある。江戸時代には、飛田給村が置かれ、1889(明治22)年に周囲の村と合併して、調布町(当時)の一部となった。東京オリンピック開催時には、マラソンコースの折り返し点が飛田給1丁目の甲州街道上に置かれ、全国にその名を知られるようになった。

飛田給駅の開業は1916(大正5)年9月である。駅の構造は単式(下り)と島式(上り)のホームを組み合わせた2面3線の地上駅で、橋上駅舎を有している。特急などは通過し、快速、各駅停車が停車するが、味の素スタジアムにおけるイベント開催時には、特急、急行などが臨時停車している。

京王線は飛田給〜西調布間で中央自動車道と交差しており、東側には調布インターチェンジが置かれている。また、駅の北側には線路と並行して、旧甲州街道と甲州街道(国道20号)が走っている。さらに北側には味の素スタジアムがあり、調布飛行場が広がっている。味の素スタジアムは、2001(平成13)年に東京スタジアムとして開業、2003年に命名権を得た味の素の名を採り、現在の名称となった。ここでは、サッカーの東アジア選手権、天皇杯全日本サッカー選手権が開催されたほか、音楽ライブなどさまざまなイベントが開催されている。

次の武蔵野台駅は1916(大正5)年に「車返」駅として開業し、1959(昭和34)年に現駅名の「武蔵野台」に改称した。駅の南側には、旧駅名と同じ車返団地、車返住宅が広がっている。この駅は2010年12月から橋上駅舎が使用されている。次の多磨霊園駅との中間で、西武多摩川線と交差しており、北東に同線の白糸台駅が置かれている。

提供：朝日新聞社

①車返団地

日本住宅公団(現・UR)の車返団地は1979年から入居が開始された。賃貸住宅は高層、分譲住宅は中層棟に分かれていた。

②おがつ農園

武蔵野の面影を残す、武蔵野台駅の北口の目の前には「おがつ農園」が存在する。おいしいブルーベリーの栽培、販売で知られる。

③武蔵野台駅

1916年の開業時は車返駅で、現駅名は「武蔵野台地」から採られた。所在地の住所は「白糸台」、南側に「車返団地」がある。

撮影：荻原二郎

駅名ともに、交通安全、公衆電話、たばこなどの看板が目立つ武蔵野台駅の木造駅舎。半世紀以上も前、こんな小さな地上駅舎が存在していた。

現在はグッドデザイン賞を受賞した、ドーム屋根をもつモダンな駅舎が使われている飛田給駅だが、かつてはこのような小さな木造駅舎が使用されていた。東京オリンピックの頃の撮影である。

都立多磨霊園の玄関口、そのまま駅名になった
東府中駅からは、府中競馬正門前駅へ競馬場線

多磨霊園駅、東府中駅 府中競馬正門前駅

【多磨霊園駅】 開業年：大正5（1916）年10月31日
所在地：東京都府中市清水が丘3-26-11
キロ程：19.6キロメートル（新宿起点）　駅構造：地上駅（橋上駅）
ホーム：2面2線　乗降人数：12,754人

【東府中駅】 開業年：大正5（1916）年10月31日
所在地：東京都府中市清水が丘1-8-3
キロ程：20.4キロメートル（新宿起点）　駅構造：地上駅［橋上駅］
ホーム：3面4線　乗降人数：21,153人

【府中競馬正門前駅】 開業年：昭和30（1955）年4月29日
所在地：東京都府中市八幡町1-18
キロ程：0.9キロメートル（東府中起点）　駅構造：地上駅
ホーム：1面2線　乗降人数：3,209人

府中市で西武多摩川線と交差

多磨霊園駅は、都立多磨霊園の最寄り駅であり、1916（大正5）年10月に多磨駅として開業している。駅の北側に大きく広がる都立多磨霊園は、作家の与謝野鉄幹・晶子夫妻、三島由紀夫、画家の岸田劉生のほか、軍人の東郷平八郎、山本五十六ら有名人の墓が多数あることで知られる。

1932（昭和7）年12月に「市公園墓地前駅」となり、1937年5月に現駅名の「多磨霊園」に改称した。2010（平成22）年11月から橋上駅舎が使用されている。なお、多磨駅は西武多摩川線の駅として、北東の白糸台駅の隣に存在している。

東府中駅は京王線と京王競馬場線との分岐駅である。駅のルーツとしては、1916年10月に、現在地より約500メートル府中駅寄りに八幡前駅が開業している。1935年11月、現在地に「臨時競馬場前駅」が開業した。その後、1937年9月に八幡前駅は「東府中駅」に改称、1940年に両駅が統合されて、現在の東府中駅となった。1955年4月に京王競馬場線が開業して、接続駅となった。

競馬場線の府中競馬場正門前駅は文字通り、JRA（日本中央競馬会）の東京（府中）競馬場の北側に位置し、メインゲート（正門）・スタンドとは至近距離にある。駅の開業は1955（昭和30）年4月で駅の構造は地上駅であり、改札口を出るとそのまま競馬場への横断歩道橋につながっている。この駅は、京王線の中で最も1日平均の乗降人員が少ない駅となっている。また、競馬場内にはJRA競馬博物館が設置されている。

提供：朝日新聞社

現在の多磨霊園駅。

現在の東府中駅。

現在の府中競馬正門前駅。

撮影：荻原二郎

東府中～府中競馬正門前を走る2600系。1977年に廃車となるまで、各線で長く活躍した。

撮影：荻原二郎

アーチ型鉄骨と寺院風の屋根が異彩を放っていた、地上駅舎時代の多磨霊園駅。2010年に橋上駅舎になった。

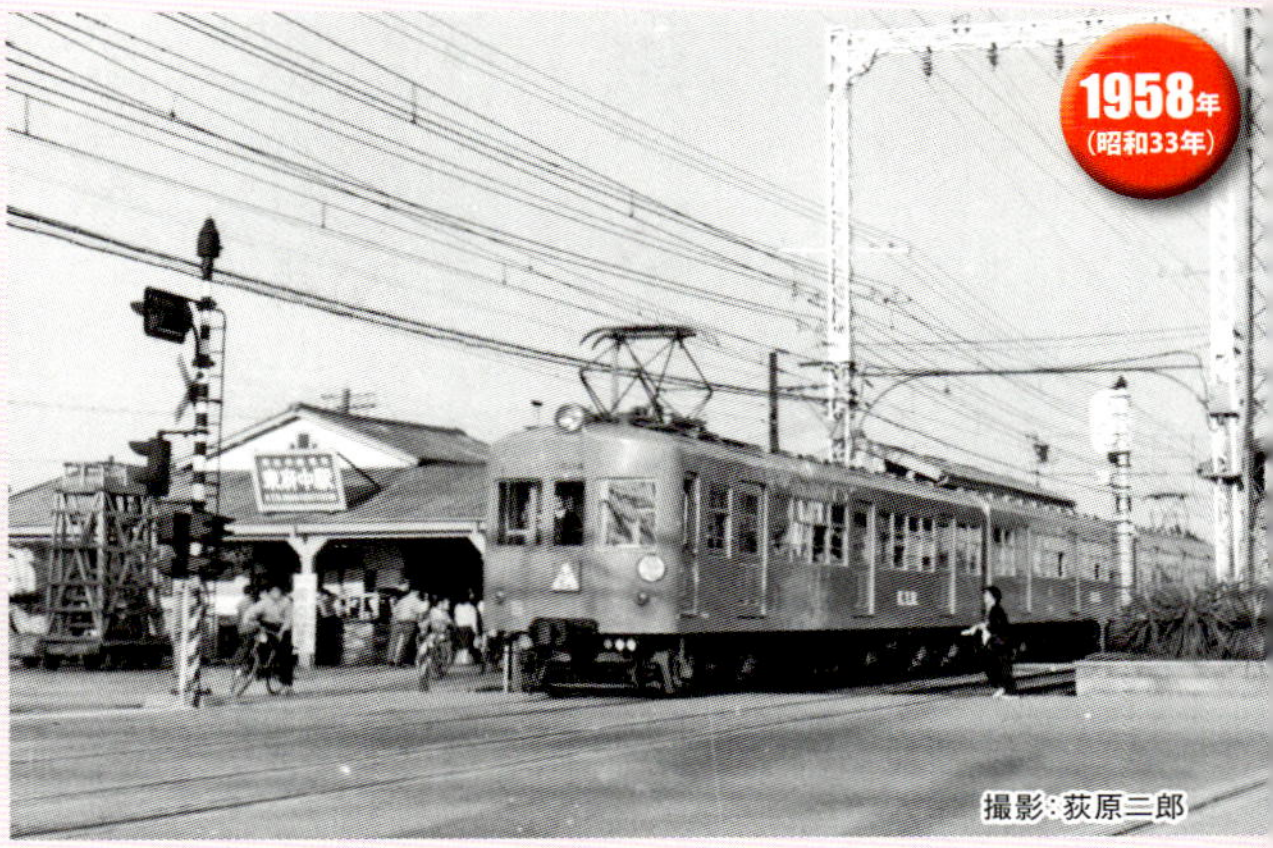

撮影：荻原二郎

戦前の1940年から「東府中」を名乗っているこの駅の周辺は、ゆったりと道路が続き、住宅地が広がっていた。

東府中駅のホームからは、すぐ北側に府中自動車教習所が見える。この教習所は東都自動車によって1960年に設立された。その北側には旧甲州街道が通っており、現在の甲州街道はさらに北側（写真上）に見える。駅西側の道路沿いには既に高い建物（マンション）がかなり出現している。この道を北に進むとアメリカ軍の府中基地が存在し、返還された後は都立府中の森公園となり、府中の森芸術劇場などが置かれている。

1984年
（昭和59年）
提供：朝日新聞社

日本ダービー、天皇賞（秋）など中央競馬（現・JRA）の代表的なレースが開催されてきた、東京競馬場が南側（写真下）に広がる、府中競馬正門前駅付近の空撮写真である。東京競馬場は、府中町（現・府中市）にあることで、「府中競馬場」と呼ばれてきた。駅からは屋根付きの専用道路があり、雨や雪に濡れずに競馬場のスタンドに向かうことができた。競馬場の北側には緑も多く、閑静な住宅地となっている。

1916年に調布駅から延伸。一時は終着駅に玉南電気鉄道と連絡していた歴史。現在は高架駅

府中駅

開業年：大正５(1916)年10月31日
所在地：東京都府中市宮町１-１-10
キロ程：21.9キロメートル(新宿起点)　駅構造：高架駅
ホーム：２面４線　乗降人数：8万5279人

現在の府中駅。

大國魂神社、ビール工場も有名

府中駅は１９１６(大正５)年10月、京王電気軌道が調布～府中間を延伸した際に終着駅として開業した。９年後の１９２５年に玉南電気鉄道が府中～・東八王子(現・京王八王子)間を開業したことで連絡駅となった。１９２６年に玉南電気鉄道は京王と合併したが線路は結ばれておらず、１９２８(昭和３)年５月に線路が結ばれたことで、新宿～東八王子間の直通運転が開始された。

１９８０年代前半から高架化の工事が開始され、１９８９(平成元)年10月にまず下り線、１９９１年４月に下り線が高架化された。現在の駅の構造は３層の高架駅で、島式２面４線のホームは３階に置か

1960年(昭和35年)

提供：読売新聞社

高架駅に変わる前の府中駅の駅舎は小ぶりで、商店街の中にひっそりと存在していた。バイクが停められている電柱には、木村家畜医院（獣医）と書かれた古い看板が掛かっている。ポスト付近には自転車が見えるが、まだ駅前には長閑な空気が漂っていた。

れている。駅の西側にはＪＲ武蔵野線が走っており、北西に北府中駅、南西に府中本町駅が置かれている。駅の北側を線路と並行して甲州街道（国道20号）が走り、南側には旧甲州街道が走っている。

府中市には東京競馬場以外にも全国的に有名な場所が数多く存在する。そのひとつが駅南側の市役所に隣接する大國魂神社で、現在の東京都・神奈川県にあたる武蔵国の総社であった。この境内は武蔵国の国府があった場所とされており、「府中」の地名もここから発生している。さらに南の中央高速道路沿いには、松任谷由実の歌で有名になったサントリーの武蔵野ビール工場も存在する。また、東京競馬場の南東には、ボートレースが行われる多摩川競艇場もある。

東京都で６番目の市として1954年に府中市が誕生した後でも、まだ玄関口である府中駅には、ローカルな雰囲気のホームが残されていた。この駅ホームの東西に道路があり、踏切に挟まれた構造であったが、ホームの左右を見渡しても大きな建物はなく、大きな空が広がっている。踏切のあるこの風景は、1981年から始まる高架化工事により、姿を消すことになる。

1984年
（昭和59年）

提供：朝日新聞社

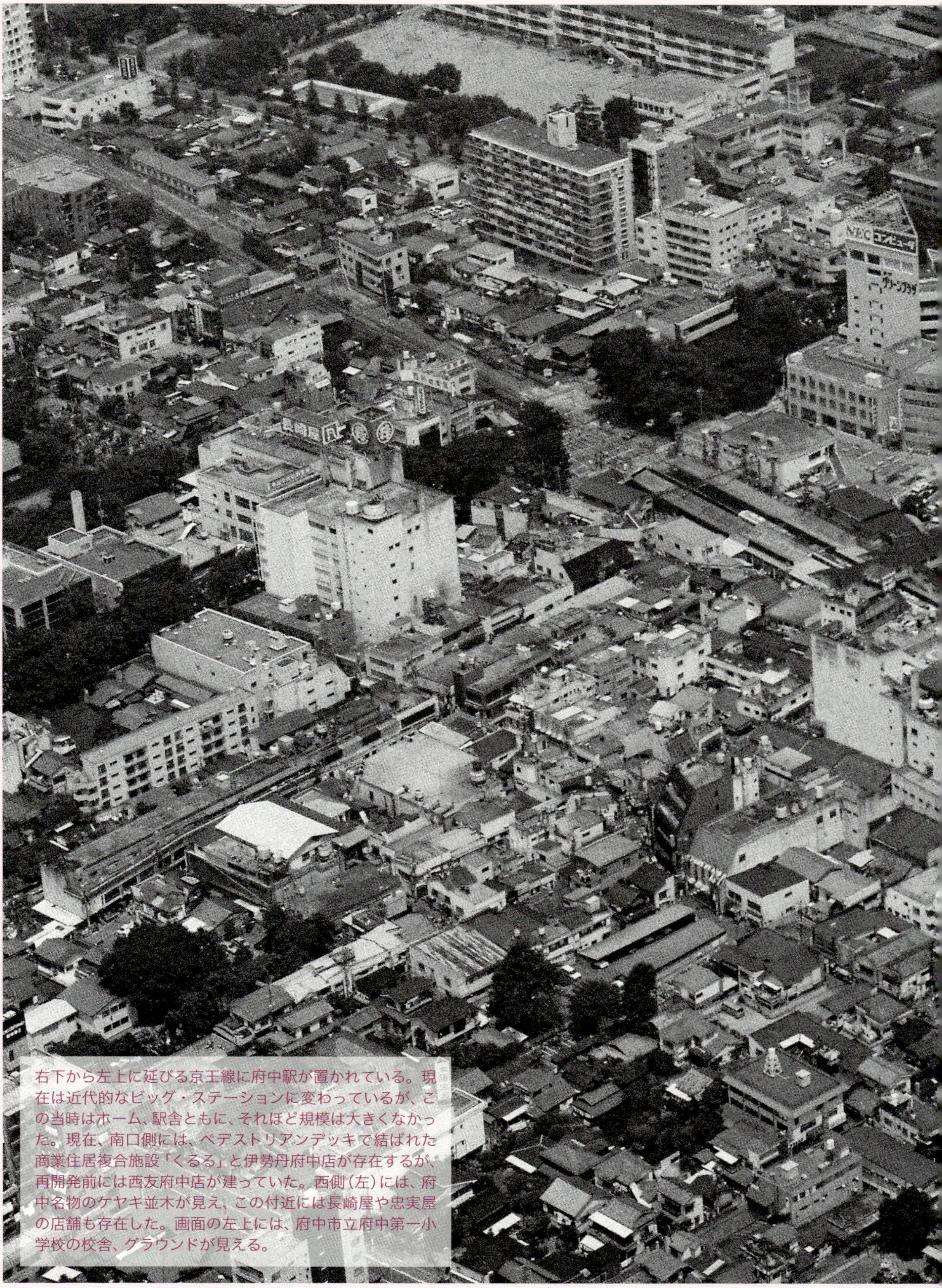

右下から左上に延びる京王線に府中駅が置かれている。現在は近代的なビッグ・ステーションに変わっているが、この当時はホーム、駅舎ともに、それほど規模は大きくなかった。現在、南口側には、ペデストリアンデッキで結ばれた商業住居複合施設「くるる」と伊勢丹府中店が存在するが、再開発前には西友府中店が建っていた。西側（左）には、府中名物のケヤキ並木が見え、この付近には長崎屋や忠実屋の店舗も存在した。画面の左上には、府中市立府中第一小学校の校舎、グラウンドが見える。

撮影：小川峯生

京王電気軌道による配電事業の名残。分倍河原付近には高圧配電線となっていた高層電柱がある。

開業時の駅名は「屋敷分」、JR南武線と連絡
新田義貞が幕府軍を破った分倍河原古戦場あり

分倍河原駅

現在の
分倍河原駅。

開業年：大正14（1925）年3月24日
所在地：東京都府中市片町2-21-18
キロ程：23.1キロメートル（新宿起点）　駅構造：高架駅
ホーム：2面2線　乗降人数：92,493人

現在は京王とＪＲの共同使用駅

府中駅を出た京王線は大きく左にカーブして南に進み、分倍河原駅に至る。この駅はＪＲ南武線との連絡駅となっている。１９２５（大正14）年３月、玉南電気鉄道（現・京王電鉄）の屋敷分駅として開業している。１９２８（昭和３）年12月、現在の駅名である「分倍河原」に改称した。このとき、私鉄の南武鉄道（現・ＪＲ南武線）の大丸～屋敷分間が開通して同線の屋敷分駅が誕生して連絡駅となった。１９２９（昭和４）年４月、京王の駅は南武鉄道との連絡のために移転している。この年の12月、南武鉄道は立川駅まで延伸して駅名も「分倍河原」となった。

現在の駅は京王とＪＲの共同使用駅で、両線ともにホームは相対式２面２線の構造である。両線は西側でほぼ直角に交差しているが、駅舎は府中（立川）崖線の上に設けられており、ＪＲ線ホームは「府中崖線」の崖下、京王線ホームは崖上に置かれているため、構内は複雑な構造となっている。京王線の列車は特急を含めた全列車が停車する。

「分倍河原」は鎌倉時代末期、新田義貞（１３００年頃～１３３８年）が鎌倉幕府軍と戦った古戦場の地名として知られている。この戦いは、一時は幕府軍が勝利したものの最終的には義貞軍が勝利を収め、鎌倉幕府の滅亡、建武の新政につながった。この歴史を鑑みて、駅の名称は昭和前期に当時の村名（屋敷分）から、古戦場（史跡）の名称に変更された。屋敷分村は甲州街道沿いにあった村で、官人や神官などの屋敷があった場所から村名が生まれたとされる。

提供：朝日新聞社

①旧甲州街道

東府中駅前から府中市役所前を通り、本宿町で甲州街道（国道20号）と合流する。かつての甲州街道で、現在は都道になっている。

②分倍河原駅

東西に走る京王線と、南北に走る国鉄南武線が接続する分倍河原駅である。京王駅は西側で南武線と連絡していた。

③片町公園・駅前ロータリー

この当時、駅前に広いスペースがあった。現在は駅前ロータリーが設けられ、東側には片町公園、南側には府中東芝ビルがある。

所蔵:田中健三

戦前に南武鉄道（現・南武線）の駅との連絡のために移転した分倍河原駅は、両駅の連絡のために複雑な構造になっていた。

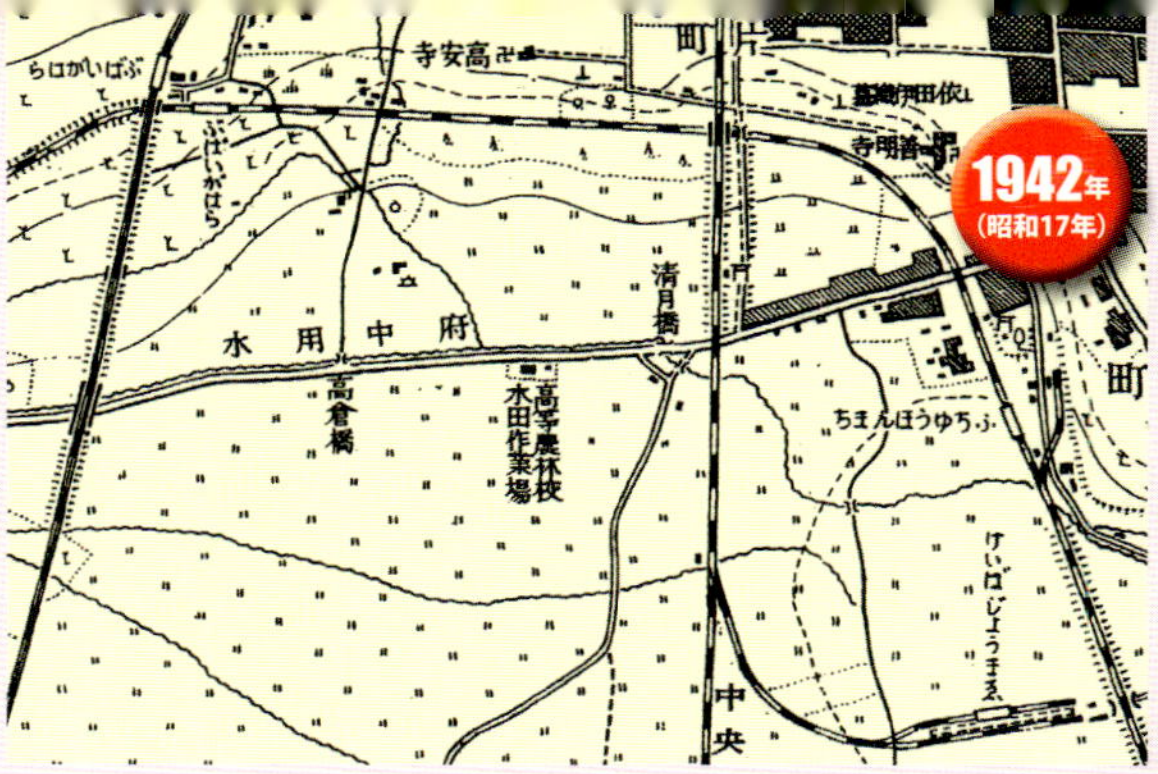

南北に走る鉄道は左側が京王線、右側が国鉄下河原線（現・JR武蔵野線）。京王線は分倍河原駅付近で南武鉄道（現・南武線）と交差している。北側に府中町（市）の市街がのぞく。

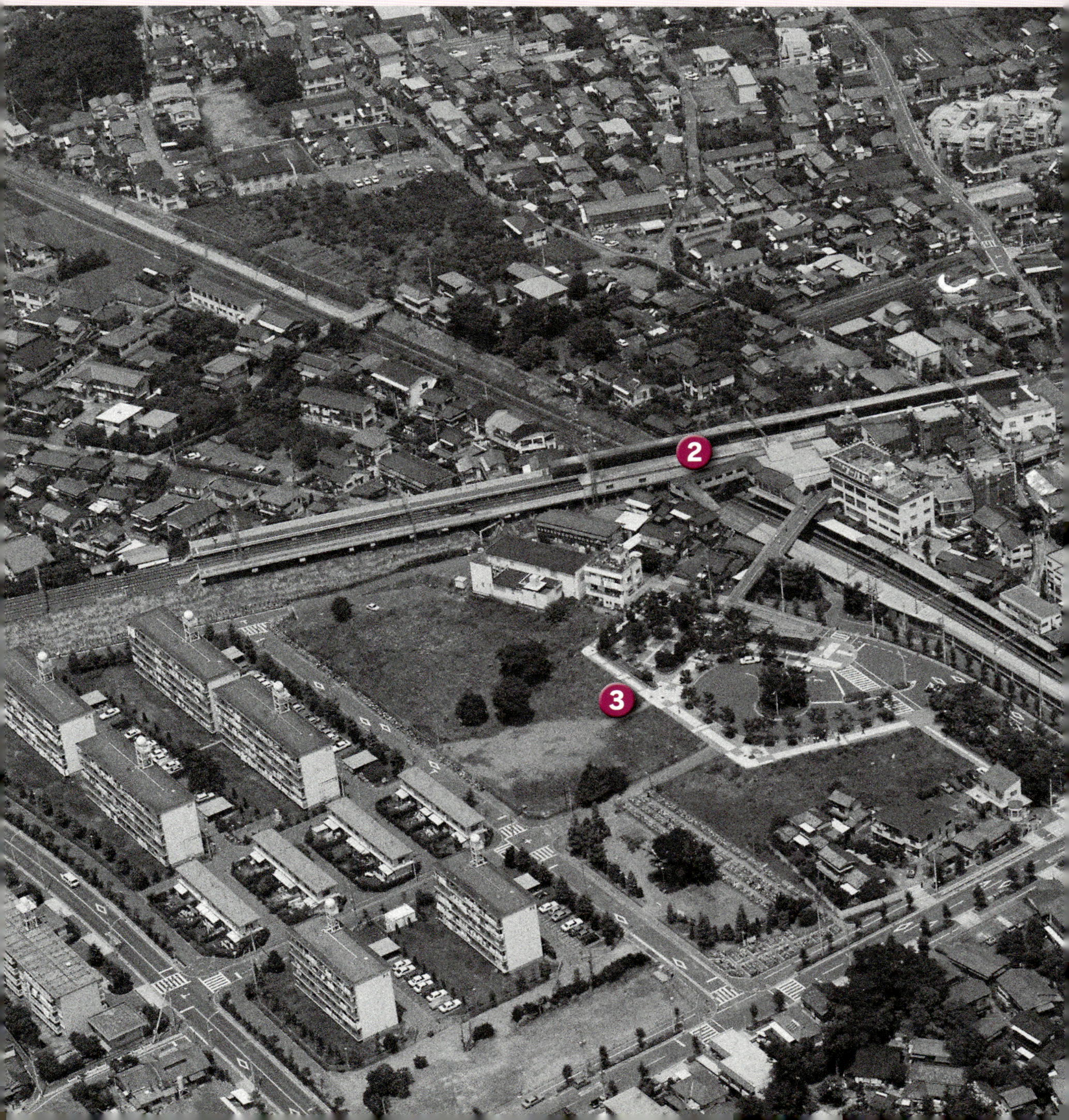

提供：朝日新聞社

①新府中街道

南北に走る幅の広い道路で、都道18号が新府中街道と呼ばれている。西府駅の東側、中河原駅の下を通り、関戸橋で多摩川を渡る。

②京王線中河原駅

京王線の中河原駅は1974年に高架駅となった。2004年に駅舎はリニューアルされている。

③府中テニスクラブ

府中市住吉町にあるテニスクラブ。屋外に6面のコートが見えるが、現在はクラブハウスとともに4面の夜間照明つきのコートがある。

④法音寺・府中おともだち幼稚園

駅の北側には真言宗豊山派の寺院、法音寺が存在し、その北側には府中おともだち幼稚園がある。

⑤りそな銀行府中中河原支店・西友中河原店

現在、中河原駅前には新府中街道に面して、りそな銀行府中中河原支店、西友中河原店が並んで店舗を構えている。

現在の中河原駅。

1925年に玉南電気鉄道の中河原駅として開業
現在は京王の高架駅。新府中街道の上に設置

中河原駅

開業年：大正14（1925）年3月24日
所在地：東京都府中市住吉町2-1-16
キロ程：24.7キロメートル（新宿起点）　駅構造：高架駅
ホーム：2面2線　乗降人数：25,461人

キューピー中河原工場が存在

京王線は分倍河原駅を過ぎると、中央自動車道の下をくぐり、再び大きくカーブして南西へ進むことになる。次の中河原駅は、新府中街道・鎌倉街道との交差点上に設置されている。1925（大正14）年3月に玉南電気鉄道の中河原駅が開業している。1926（大正15）年12月、京王電気軌道（当時）と合併して京王線の駅となった。

中河原駅の構造は、相対式ホーム2面2線の高架駅で、下を鎌倉街道が走っている。以前は地上駅で、1974（昭和49）年7月に高架化された。2004（平成16）年12月に駅舎がリニューアルされている。

駅の南側には多摩川が流れ、鎌倉街道の関戸橋が架かっている。この多摩川は、古くは現在よりも北側の府中（立川）崖線付近を流れ、浅川が現在の多摩川付近を流れていた。このため、中間地点であったこの駅付近は古くは「中河原」と呼ばれ、駅名に採用された形である。

駅の南西、京王線の線路沿いにキューピーの中河原工場が存在する。マヨネーズを主力商品とする食品会社「キューピー」は、本社は渋谷に置き、仙川に工場を設けるなど、京王とは縁の深い会社である。仙川工場の跡地は現在、「仙川キューポート」として、オフィスなどとともに見学施設「マヨテラス」を設け、一般客がマヨネーズに関するさまざまな体験をすることができる。

1974年に高架駅に変わる前の中河原駅。地上駅時代の風景で、西側にはかなり広い踏切が存在した。

地平時代の中河原駅ホーム。宅地化が徐々に進んでいたが、駅周辺にも田畑が多かった。

京王線では多摩市唯一の駅、1925年に開業
当初は関戸駅。行幸と桜花から現駅名

聖蹟桜ヶ丘駅

多摩川に架かる鉄橋は玉南電気鉄道の開業時に単線としたため、列車本数が増えるにつれ輸送上のネックとなっていた。写真は複線化完成から数年後の橋梁。

開業年：大正14（1925）年3月24日
所在地：東京都多摩市関戸1-10-10
キロ程：26.3キロメートル（新宿起点）　駅構造：高架駅
ホーム：2面2線　乗降人数：64,376人

現在の聖蹟桜ヶ丘駅。

駅の南側には多摩市役所

京王線は多摩川を渡って多摩市に入る。聖蹟桜ヶ丘駅は多摩市内における京王本線唯一の駅である。ちなみに隣の中河原駅は府中市、百草園駅は日野市に置かれている。

聖蹟桜ヶ丘駅は1925（大正14）年3月に玉南電気鉄道の関戸駅として開業している。1926（昭和元）年12月に京王の駅となり、1937（昭和12）年5月に現駅名の「聖蹟桜ヶ丘」に駅名を改称した。1969（昭和44）年に高架駅となり、特急を含めた全列車が停車する。

開業当初の駅名である「関戸」は、鎌倉幕府が旧鎌倉街道沿いに設けた「霞ノ関」にまつわる地名で、現在も多摩市の住居表示として残り、多摩川には関戸橋が架けられている。

また、現在の駅名である「聖蹟桜ヶ丘」は、「聖蹟」と「桜ヶ丘」を組み合わせたものである。「聖蹟」は明治天皇の御狩場が付近にあり、天皇が行幸した場所を表している。また、「桜ヶ丘」は桜の名所である駅南側の地名から採られている。駅の南東に広がる都立桜ヶ丘公園には、1930（昭和5）年に開館した旧多摩聖蹟記念館が存在する。ここには、浅草にあった三条実美の別邸、対鷗荘が移築されていた。

また、この駅の南側、約1キロ離れた場所には多摩市役所が置かれている。1889（明治22）年に関戸村と蓮光寺村などが合併して神奈川県に多摩村が成立した。1893（明治26）年に東京府に移管され、1964（昭和39）年に多摩町となった。1971（昭和46）年に市制が施行されて多摩市が誕生している。

多摩川の南側を走る京王電気軌道に聖蹟桜ヶ丘駅が見える。その南を走るのは川崎街道である。西側には東電一宮変電所が置かれていた。

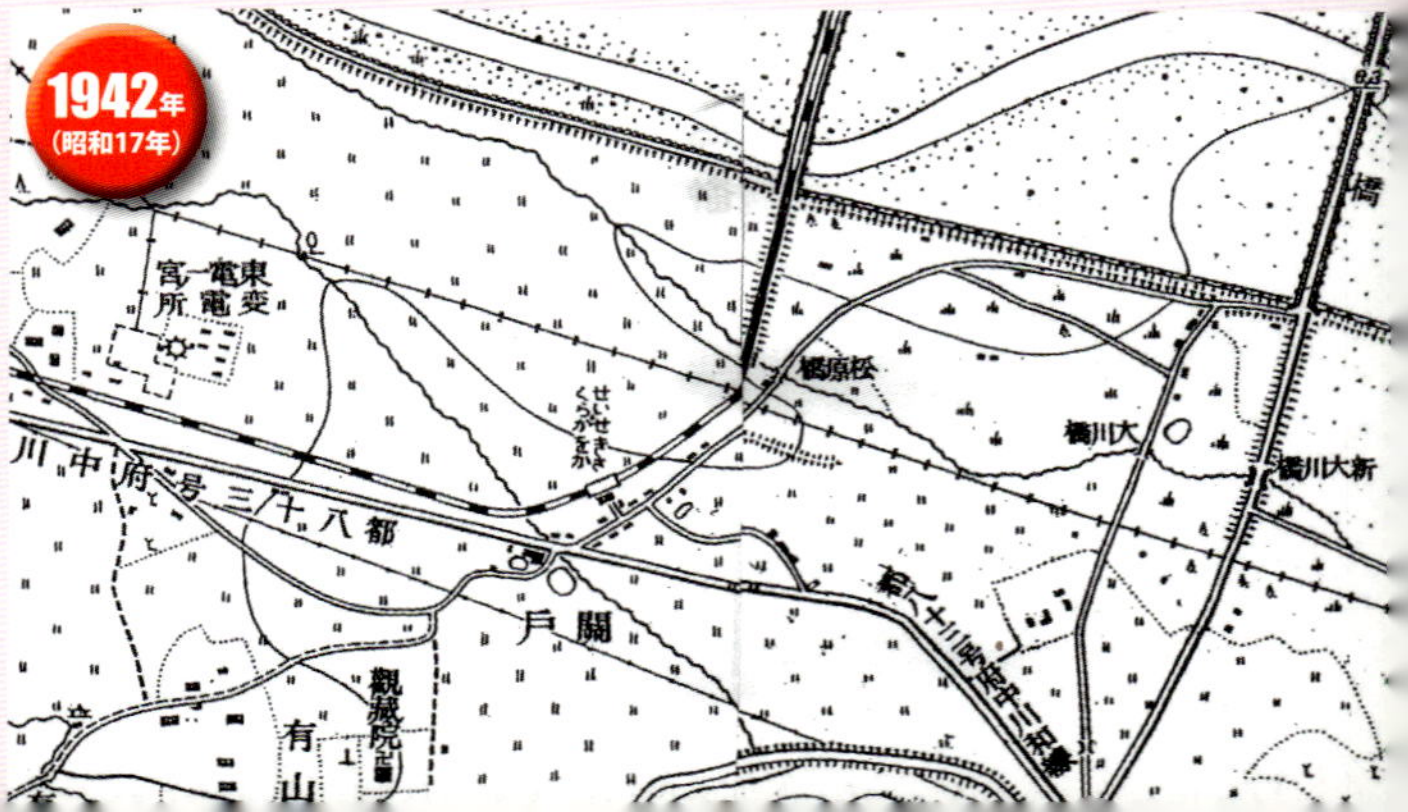

大きなカーブの真ん中に設置されている聖蹟桜ヶ丘駅のホーム風景。２両編成の電車も多かった時代、ホームを覆う屋根は上下線ともにとても短かった。

提供：読売新聞社

多摩町の誕生を祝う華やかなゲートが飾られている聖蹟桜ヶ丘駅。左手には、京王桜ヶ丘分譲地の様子を紹介する大きな案内図（地図看板）が立てられ、駅前売店も見える。1964年までは、多摩川鉄橋を越える必要があり、中河原駅から先は単線区間であった。1962年、当時の京王帝都電鉄による「桜ヶ丘住宅地」の第１期分譲が開始されて、この駅の利用者も増加することになる。駅周辺には京王百貨店などが建設され、駅前の風景も大きく変化してゆく。1969年、地上駅舎は改築されて、高架駅と変わった。

提供：朝日新聞社

悠々と流れる多摩川を越えた多摩市側に、聖蹟桜ケ丘絵駅が置かれている。１９６９年に駅周辺は高架化されており、駅の東西を通る道路の上を通っている。北側でカーブするこの道路と京王線に囲まれる形で、京王百貨店聖蹟桜ケ丘店（京王桜ケ丘ショッピングセンター）が存在するが、この当時は工事中であったことがわかる。この西側に見える大きなマンションは、ザ・スクエアと呼ばれている。駅南側には、川崎街道が走っており、沿道にはビルが増えている。

あった沿道居住者に与える利益は多大で、沿線の面目を一新することは疑いないとしている。加えて玉南鉄道沿線の行楽地として百草園、平山城址、高幡不動は一般によく知れわたっており、１日の閑を郊外の自然に接することは都会人士にとってこの上なく、八王子は機業地として商業が盛んで、沿線の農村は農林産物を産出し、旅客の往来と物資の集散が多いことは言をまたないとしている。

とりわけ戦後経済界の好況の影響で、都市も農村も相当の資金を抱擁している時に、徒に死蔵しているよりも鉄道のごとき安全確実な公共事業に投資するのは、単に個人の利益だけではなく国家経済上最も有益であるとしている。要するに京王電軌を含めて玉南鉄道は、沿線住民に大戦直後の余裕資力を安全な鉄道へ投資することを期待し、資金協力を訴えていた。さらに地方鉄道法に拠り、敷設する鉄道に対し、政府は従来５朱の補助を支給していたが、３月の議会で７分に増加し、鉄道の場合建設工事中５朱の利息配当を認められている、としている。このことは玉南鉄道建設の絶好の機会として発起した、と趣意書に記している。

「起業目論見書」では、玉南鉄道は旅客と貨物の運送を目的とし、資金は総額200万円で、内訳は鉄道資金として175万円、付帯事業資金として25万円を計上している。線路の起点と終点、ならびに通過地名については、府中町京王電気軌道株式会社終点を起点とし、北多摩郡西府村・南多摩郡多摩村・七生村から由井村を経て八王子市西端台町に至る地点であった。最終地点はのちに台町から現在の明神町に変更された。鉄道は電気鉄道方式で直流架空単線式であった。

京王電気軌道への吸収合併

大正11年（1922）７月、玉南鉄道は次のように取締役社長をはじめ会社役員を決め玉南鉄道株式会社を設立した。

取締役社長　井上篤太郎

取締役　島田竹三郎　渋谷定七　渡辺孝　青木重匡

監査役　小川平吉（多摩村）　井上平左衛門

会社役員は取締役と監査役で株式200株以上を所有する者から選任すると決められていた。その他相談役に藤井諸照（多摩村）と森久保作蔵がいた。

敷設工事は測量からはじまり、工事施行認可を申請、認可後、全線５区と多摩川橋梁工事に分けられ、まず難工事とされた橋梁から開始された。大正13年５月25日には関戸・八王子間の工事に着手、停車場・停留所の名称も申請された。現在の聖蹟桜ヶ丘は関戸という名称の停留所で、乗降場と簡単な建物のみであった。百草は当初は落川停留所であったが、開通前に百草停車場に変更された。百草停車場には便所や信号機、簡易連動機も設備され関戸よりは充実していたようである。

大正14年３月16日、玉南鉄道では府中・東八王子間の工事が竣工したので、３月20日から運転を開始したい、と鉄道大臣に申請した。３月23日には工事竣工についての監査報告が玉南鉄道宛に提出されている。その結果は路線・車輌・電気設備とも異状なしという報告であった。

３月24日、玉南鉄道は一斉に開業した。客車ボギー式86人乗５輌、72人乗小貨物１屯積合造車５輌、10屯積貨車１輌の電車が動き始めた。府中駅を出るとすぐに90度左にカーブして甲州街道をはなれて南にくだり、西府村の中河原から多摩川の鉄橋を渡り関戸に達する。このカーブは政治や地元住民の思惑が絡んだ曲線であった。そこから西に方向を変えて田園地帯を一路東八王子へと電車は向った。３月末ともなれば桜の花の便りもちらほらささやかれる時であった。

開業２日後の26日には、高幡駅構内で開通式が行われた。総費額は実に230万5000円で、当初の予算200万円を大きく上まわっていた。

玉南鉄道は地方鉄道法にもとづいて発足し、発足当初から地方鉄道補助の援助を期待していた。そこで開業直前の２月10日、玉南電気鉄道株式会社社長井上篤太郎は、鉄道大臣に「地方鉄道補助申請書」を提出した。ここではじめて玉南鉄道から玉南電気鉄道としている（以後「玉南電鉄」と記す）。内容は、工事中関東大震災の影響を受けて労働力や諸材料の供給がつかず、建設費が著しく膨張し、それに加えて経済界の不況で開業後予期した成績をあげることができず自立不可能と判断されるようになった。そこで地方鉄道補助法により相当の援助を請いたいと申請した。

玉南電鉄の申請にもかかわらず鉄道省は、なしの礫であった。そこで３か月後の５月９日、「地方鉄道補助追願書」を提出した。３月24日に営業を開始したが、「到底収支相償ヒ難」いので特別の詮議で補助を速やかに願いたい、と実績をふまえて鉄道大臣に懇願した。

（以下略）

沿線市史

02 『多摩市史』に登場する京王線①

玉南電気鉄道設立申請の経緯

戦後恐慌が発生した大正９年（1920）の11月10日、八王子の桑都公会堂で玉南鉄道発起人総会が開かれた（資４―22）。総会では会社創立事務の進捗をはかるため各市町村から設立要員を置き、その要員より常任委員を定めることとして、設立委員には府中町６、西府村４、多摩村６、由井村３、由木村３、七生村７、東京市３、八王子市11、元八王子村１、川口村１、浅川村２、横山村１の合計48人が選ばれている。要員数が多い西府村、多摩村、七生村、八王子市は、府中町を含めて玉南鉄道が開通を予定されているからである。ちなみにこの時、多摩村からの創立委員は小川平吉（府会議員）、新田信蔵（元村会議員）、杉田林之助（村会議員）、佐伯太兵衛（南多摩郡会議員）、相沢兵蔵（元村会議員）、富沢政賢（前村長）の有力者６人であった。

創立委員48人の中から常任委員13人が選出された。この13人の中には林副重、小宮佐一郎、小川時太郎などかつての民権家がみえ、京王電気軌道株式会社（通称京王電軌）の社長井上篤太郎の名が最後に記されて創立総会の意義を高めていた。井上自身もかつては愛甲郡の民権家として活躍し、神奈川県会議員をも歴任していた。

玉南鉄道が目指したのは、すでに京王電軌が新宿と府中を結んで電車を走らせており、府中から八王子まで玉南鉄道を設立して結合させることにあった。京王電軌は当初、新宿・八王子間の新設を目指していたが、経営不振のため実現せず、府中・八王子間の路線免許は取消されていた。玉南鉄道という新線をあえて設立したのは次の理由があったからである。

①沿線住民の資金を活用して、京王自社の資金負担を緩和しようとしたこと

②新線として地方鉄道法の適用を受け、政府より補助金を獲得しようとしたこと

（青木栄一「京王帝都電鉄のあゆみ」『鉄道ピクトリアル』No.422所収）

以上の２点であるが、地方鉄道法は大正８年４月10日公布、８月に施行されたばかりであった。それまでは京王電軌は沿線住民の要請があったが、それには応じなかった。京王電軌が玉南鉄道設立に踏み切ったのは、沿線住民の資金協力と共に８年の地方鉄道法の公布があったからである。同法は経営者が営業不振の場合、５年間に限り不足額を補助することを約束していた。それに加えて大正前半期は私鉄の建設ブームに湧いていた時でもあった。西武鉄道、京浜急行電鉄など東京郊外電車は、大正時代につぎつぎ新線をつくっていった（竹村民郎『大正文化』）。京王電軌もこのブームに乗って郊外へと鉄路を進めていったのである。

補助金を得るためには地方鉄道法に従わなければならなかった。当時の地方鉄道法では４フィート６インチ（1372ミリ）軌間が認められていなかったので、玉南鉄道の軌間は３フィート６インチ（1067ミリ）となり、305ミリも狭く京王電軌と直通運転はできなくなってしまった。それに沿線住民の資力提供と地方政治家の要求を満足させるためには社の方針であった甲州街道沿いの路線敷設を「南回り」に変える必要もあった。それらを含めて大正９年11月30日、玉南鉄道創設の常任委員により鉄道省に敷設免許が申請された。

玉南電気鉄道の設立

大正10年（1921）１月18日の『東京日日新聞』は、「玉南鉄道愈々出願提出」の見出しを掲げ、地方鉄道法の補助を受ける設定のもとに願書を提出したと報じ、開通までには３か年の歳月を要することを記している。日野市の金剛寺境内にある「玉南電気鉄道記念之碑」によると、敷設免許を申請して10年10月に免許を得、11年７月に資本金を150万円と定め役員を選定して会社設立を告げた、と刻まれている。会社の正式名称は定款によると「玉南鉄道株式会社」と記されている。

会社設立について「趣意書」、「起業目録見書」、「定款」などの一連の文書が鉄道省に提出された。そのうち「発起趣意書」には玉南鉄道が目指している内容をまとめている。

玉南鉄道は京王電軌の終点である府中を起点として西府村と多摩村の地内で多摩川を横断し、その支流浅川の南岸に沿って八王子にいたる路線で、交通不便に

百草園駅は、玉南電気鉄道の百草駅として開業
高幡不動駅では動物園線が分岐、モノレール線も

百草園駅、高幡不動駅
多摩動物公園駅

【百草園駅】 開業年：大正14（1925）年3月24日
所在地：東京都日野市百草２０９
キロ程：28.0キロメートル（新宿起点）　駅構造：地上駅（橋上駅）
ホーム：2面2線　乗降人数：7,943人

【高幡不動駅】 開業年：大正14（1925）年3月24日
所在地：東京都日野市高幡１３９
キロ程：29.7キロメートル（新宿起点）　駅構造：地上駅（橋上駅）
ホーム：3面5線　乗降人数：60,069人

【多摩動物公園駅】 開業年：昭和39（1964）年4月29日
所在地：東京都日野市程久保3-36-39
キロ程：2.0キロメートル（高幡不動起点）　駅構造：地上駅
ホーム：1面2線　乗降人数：6,483人

「高幡不動」は京王線の主要駅

百草園駅は、現在は京王が所有する京王百草園の玄関口となっている。１９２５（大正14）年3月に玉南電気鉄道の百草駅として開業し、１９３７（昭和12）年5月に現駅名の「百草園」に改称している。現在は橋上駅舎を有する地上駅で、２０１０（平成22）年10月に駅改良工事が完成し、橋上駅舎、南北自由通路が誕生した。

次の高幡不動駅は、京王線と動物園駅の分岐点であり、多摩都市モノレール線とも連絡している。また、構内に車両基地の高幡不動検車区が存在し、始発終着の列車が設定されている。

高幡不動駅の開業は１９２５年3月で、当初の駅名は「高幡」を名乗っていた。１９２６年12月に京王の駅となり、１９３７年5月に現駅名の「高幡不動」となった。この駅名は付近にある、真言宗智山派別格本山の高幡不動尊（金剛寺）に由来する。１９６４（昭和39）年4月、高幡不動～多摩動物公園間の多磨動物公園線（現・動物園線）が開通し、現在地に移転している。２０００（平成12）年1月、多摩都市モノレール線が開通し、連絡駅が設置された。

高幡不動駅から2・0キロ続く、動物園線唯一の駅が多摩動物公園駅である。開業は１９６４年4月に多摩動物公園線の駅として開業し、２０００年1月に多摩都市モノレール線の駅が誕生して連絡駅となった。多摩動物公園は、１９５８（昭和33）年に恩賜上野動物園の分園として開園し、現在は東京動物園協会が運営している。広大な敷地を利用して、ライオンなどの無柵放養式展示を行い、オランウータンの飼育でも知られる。

現在の百草園駅。

現在の高幡不動駅。

現在の多摩動物公園駅。

簡素な屋根が付けられた、百草園駅の小さな駅舎。ホームに渡る構内踏切の横には「駅に止まらない電車があります。充分ご注意下さい」という注意看板が見える。

1964年（昭和39年）

左に多摩動物公園駅に向かう列車、右に新宿駅に向かう列車が見える高幡不動駅のホーム風景。手前には構内踏切が設けられていた。中央のホームは、本線の下りが使用していた。

撮影：荻原二郎

1964年（昭和39年）

駅と沿線の発展とともに大きく変化を遂げてきた高幡不動駅だが、この当時は木造平屋建てのごく普通の駅舎があった。この当時は動物園線が開通しておらず、多摩動物公園とは駅前を発着するバスで結ばれていた。改札口・出札口の横には、「京王閣競輪」の大きな立て看板が置かれている。右奥のホームには列車が停車している。その後、1964年に動物園線が開通し、現在地に移転している。

提供：朝日新聞社

３面５線のホームを含めた、複雑な構造をもつ高幡不動駅の様子がよくわかる空撮写真である。駅の北側（右）には、高幡不動検車区が広がっている。その先（右奥）には、浅川の流れが見える。駅の南東に見える大きな建物は京王ストア高幡店で、駅改良工事・京王高幡ビルの建替えに伴い、2007年に京王高幡ショッピングセンターとなった。中央やや上に、五重塔や重要文化財の不動堂がある寺院は、駅名の由来となった金剛寺（高幡不動尊）である。

浅川と北野街道の間を走る京王線に南平駅
平山城址公園駅には源氏ゆかりの武将の史跡

南平駅、平山城址公園駅

現在の南平駅。

現在の平山城址公園駅。

【南平駅】 開業年：大正15（1926）年4月28日
所在地：東京都日野市南平6-9-31
キロ程：32.1キロメートル（新宿起点）
駅構造：地上駅（橋上駅）
ホーム：2面2線　乗降人数：10,829人

【平山城址公園駅】 開業年：大正14（1925）年3月24日
所在地：東京都日野市平山5-18-10
キロ程：33.4キロメートル（新宿起点）
駅構造：地上駅
ホーム：2面2線　乗降人数：8,806人

斜めに走る京王線には南平駅が置かれている。この駅がある場所から浅川を挟んで北西側に約1キロのところには、中央線の豊田駅がある。一方、反対側には京王線と並行して北野街道が走り、写真左下にその一部が見えている。現在は、平山城址公園駅側に設置された橋上駅舎付近から、北野街道に向かって真っすぐに伸びる道路で結ばれている。

北側を走る中央線に豊田駅

高幡不動駅を過ぎると、京王線は浅川の南側を進むことになる。また、線路の南側には、北野街道が通っている。この付近では、浅川の北側にJR中央線が走っており、豊田駅が置かれている。

南平駅は、1926（大正15）年4月に玉南電気鉄道の駅として開業している。1926（昭和元）年12月に京王の駅となり、現在に至っている。現在の駅の構造は相対式ホーム2面2線を有する地上駅で、2011（平成23）年に橋上駅舎が完成している。区間急行、快速、各駅停車が停車する。

平山城址公園駅は、1925年3月の玉南電気鉄道の開通時に平山駅として開業している。1955（昭和30）年9月に現駅名の「平山城址公園」に改称し、1976年10月に現在地に移転している。

駅の構造は相対式ホーム2面2線の地上駅で、駅舎は1番線ホーム側に置かれており、ホーム間は地下道で結ばれている。この駅も区間急行、快速、各駅停車が停車する。

この駅の駅名は日野市と八王子市にまたがる「東京都立平山城址公園」に由来する。この付近には、平安時代末期から鎌倉時代にかけての源平合戦時に、源氏方の武将として活躍した平山季重の居館があり、公園付近は見張所であったといわれる。以前はゴルフ場があったが、1954年に公園が開設された。野猿峠ハイキングコースの中間にあり、サクラの名所としも知られている。また、駅の北側を流れる浅川には、平山橋が架かっている。

野猿峠ハイキングコース、平山城址公園を訪れる行楽客で賑わいを見せるようになった平山城址公園駅。前名は「平山」であった。

北野街道と浅川の間の狭い場所に駅舎が設けられていた南平駅。周辺が住宅地に変わり、現在は橋上駅舎をもつ駅となっている。

手前に浅川の流れがあり、護岸道路を挟んだ南東（上）に平山城址公園駅が存在する。駅の東側には、既に駅前広場が整備されているが、付近には2009年に日野市立平山図書館がオープンしている。駅から少し離れた南側には、平山緑地が存在する。ここには現在、曹洞宗の寺院、大澤山宗印寺があるが、かつては安行寺無量院があったとされている。平山城址公園は、この緑が見える場所のさらに南側にある。

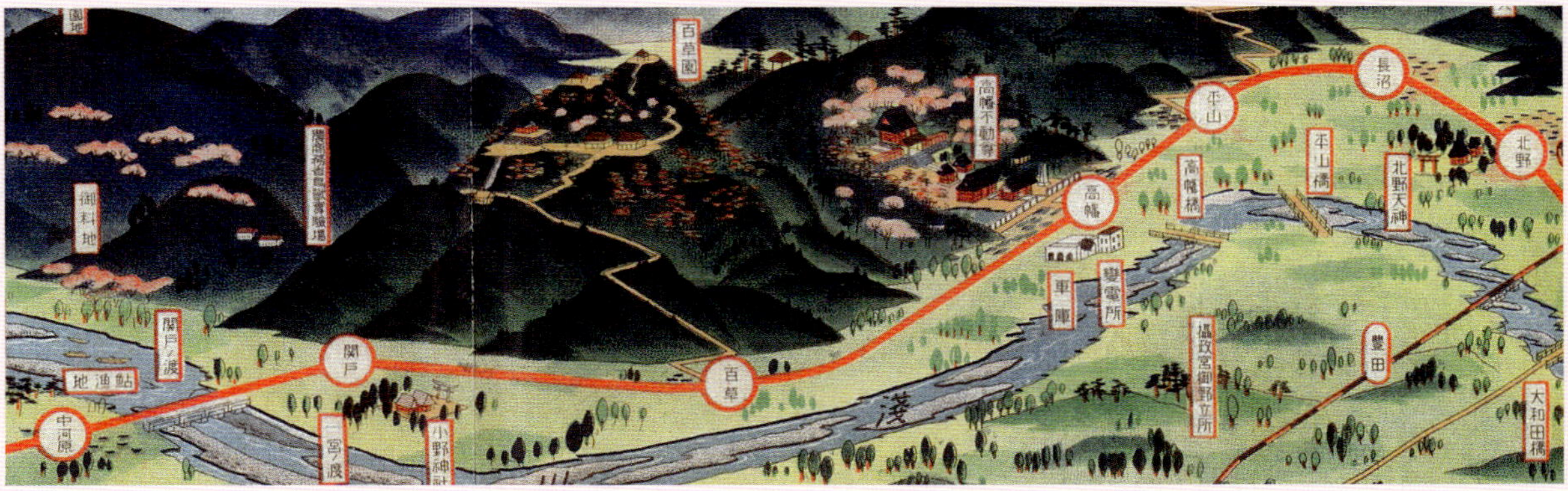

中河原～北野付近の京王電気軌道沿線図。高幡（現・高幡不動）、百草（現・百草園）、関戸（現・聖蹟桜ヶ丘）といった古い駅名が見える。

現在の長沼駅。

現在の北野駅。

八王子市内に入った京王線に長沼駅と北野駅
北野駅は、高尾線との分岐点

長沼駅、北野駅

【長沼駅】 開業年：大正14（1925）年3月24日
所在地：東京都八王子市長沼町７００
キロ程：34.9キロメートル（新宿起点）　駅構造：高架駅
ホーム：２面２線　乗降人数：4,143人

【北野駅】 開業年：大正14（1925）年3月24日
所在地：東京都八王子市打越町３３５-１
キロ程：36.1キロメートル（新宿起点）　駅構造：高架駅
ホーム：２面４線　乗降人数：22,645人

北野街道と野猿街道が合流

平山城址公園駅と長沼駅の間には、日野市と八王子市の境界がある。長沼駅は、１９２５（大正14）年3月に玉南電気鉄道の駅として開業し、翌年に京王の駅に変わった。駅付近は浅川と湯殿川が合流する地点に近く、長くて広い沼地であったことから「長沼」の地名、駅名が生まれた。現在の駅の構造は、相対式ホーム２面２線の高架駅で、１９９０（平成２）年10月に高架化されている。区間急行と快速、各駅停車が停車する。

北野駅は京王線と高尾線の分岐点である。１９２５（大正14）年3月に玉南電気鉄道の駅として開業。１９２６（昭和元）年12月に京王の駅となり、１９３１（昭和6）年3月に御陵（現・高尾）線の北野～多摩御陵間が開通して接続駅となった。この御陵線は１９４５（昭和20）年1月に休止、１９６７（昭和42）年10月に高尾線として一部が復活する形で、北野～高尾山口間が開通している。北野駅の構造は島式ホーム２面４線を有する高架駅で、１９９０（平成２）年に高架駅となった。改札口は２階、ホームは3階に置かれている。

京王線と並行するように南側を進んできた北野街道は、この駅の南側で、南東から進んできた野猿街道と合流することとなり、さらに西側で八王子バイパス（国道16号）と交差する。この八王子バイパスの高架部分の上を京王線と高尾線が越えて、それぞれ次の京王八王子と京王片倉に向かうことになる。

提供：朝日新聞社

①北野街道

駅と同じ名称の古い街道で、八王子市と日野市を結ぶ都道173号である。現在は北野駅の西側で八王子バイパスと交差している。

②湯殿川

湯殿川は浅川の支流で、この北野駅付近でも蛇行して流れており、洪水防止の改修工事が行われてきた。北野街道が渡る打越橋などが架かる。

③北野駅

1925年に開業した北野駅は、1990年に現在のような高架駅となった。この当時は地上駅で、右手前（西側）に踏切が見える。

④シャルム北野・Fステージ北野

シャルム北野・Fステージ北野は北野駅の北東に並んで建つ、古参のマンションである。この北側には八王子市立由井第一小学校、打越中学校が存在する。

高尾線が開通していなかった頃の北野駅で、現在とは異なる様相のローカル駅であった。戦前には御陵線があったため、この頃も２面３線のホームが残されていた。

小さな改札口の上に屋根が付いているだけの構造だった長沼駅。この頃は、周りを水田に囲まれた小さな駅だった。

京王線の終着駅であった東八王子（現・京王八王子）駅ではあるが、国鉄の八王子駅とは比較にならない狭い構内、平屋の小さな駅舎であった。この当時の路線は単線であり、ホームも頭端式２面１線の単純な構造となっていた。奥に見える駅舎には、改札口（入口）とともに、出口が設けられていたことが見て取れる。

提供：読売新聞社

複線化された京王八王子駅のホームで、この頃は地上駅、ホームであった。「京王線70周年　井の頭線50周年」の祝賀列車（特急）が停車している。

現在の京王八王子駅。

1925年に玉南電気鉄道の東八王子駅が開業
1963年に現在地へと移転して京王八王子駅に

京王八王子駅

開業年：大正14（1925）年3月24日
所在地：東京都八王子市明神町3-27-1
キロ程：37.9キロメートル（新宿起点）　駅構造：地下駅
ホーム：1面2線　乗降人数：58,782人

京王線の終点は現在、地下駅

北野駅で高尾線と分かれた京王線は北西方向に向かい、終着駅である京王八王子駅に至る。駅付近は地下区間となっている。

京王八王子駅は、１９２５（大正14）年３月、玉南電気鉄道の東八王子駅として開業した。現在の京王線の府中〜東八王子（現・京王八王子）間は、京王の関連会社である玉南電気鉄道が建設し、１９２６（昭和元）年12月に京王に併合された。当初の駅は甲州街道（国道20号）沿いの明神町に置かれていた。

１９６３（昭和38）年12月、北野駅寄りに約２００メートル移動して新たな場所で京王八王子駅と駅名を改称した。これは八王子市の都市計画によるものである。１９７０（昭和45）年6月に京王八王子〜北野間が複線化されている。駅の構造は島式ホーム１面２線を有する地下駅で、１９８９（平成元）年４月に地下化されている。駅の北側を甲州街道（国道20号）が走っている。

ＪＲの八王子駅は南西に約４００メートル離れた場所にあり、乗り換えはやや不便である。このＪＲ八王子駅は１８８９（明治22）年８月、甲武鉄道が立川〜八王子間を開通した際に西側の終着駅として開業した。１９０１（明治34）年８月、官設鉄道が八王子〜上野原間を開通し、駅の位置は現在地より約１５０メートル西側に移動した。１９０６（明治39）年には甲武鉄道が国有化されている。さらに１９０８（明治41）年には横浜鉄道（現・横浜線）の八王子〜東神奈川間が開通して接続駅となった。１９３１（昭和６）年には八高南線（現・八高線）の八王子〜東飯能間が開通している。

提供：読売新聞社

八王子空襲で焼失した戦前からの駅舎は、戦後にバラック造りの平屋建てで復興した。地上よりは少し高くなっており、右側には売店も見える。1963年に現在地に移転するまで、東八王子駅の駅舎として、終着駅の役割を果たしていた。

撮影：安田就視

北野〜京王八王子間が複線化されて、八王子のもうひとつの玄関口の地位を確保した京王八王子駅。駅前の人も、タクシーも賑わいを見せている。

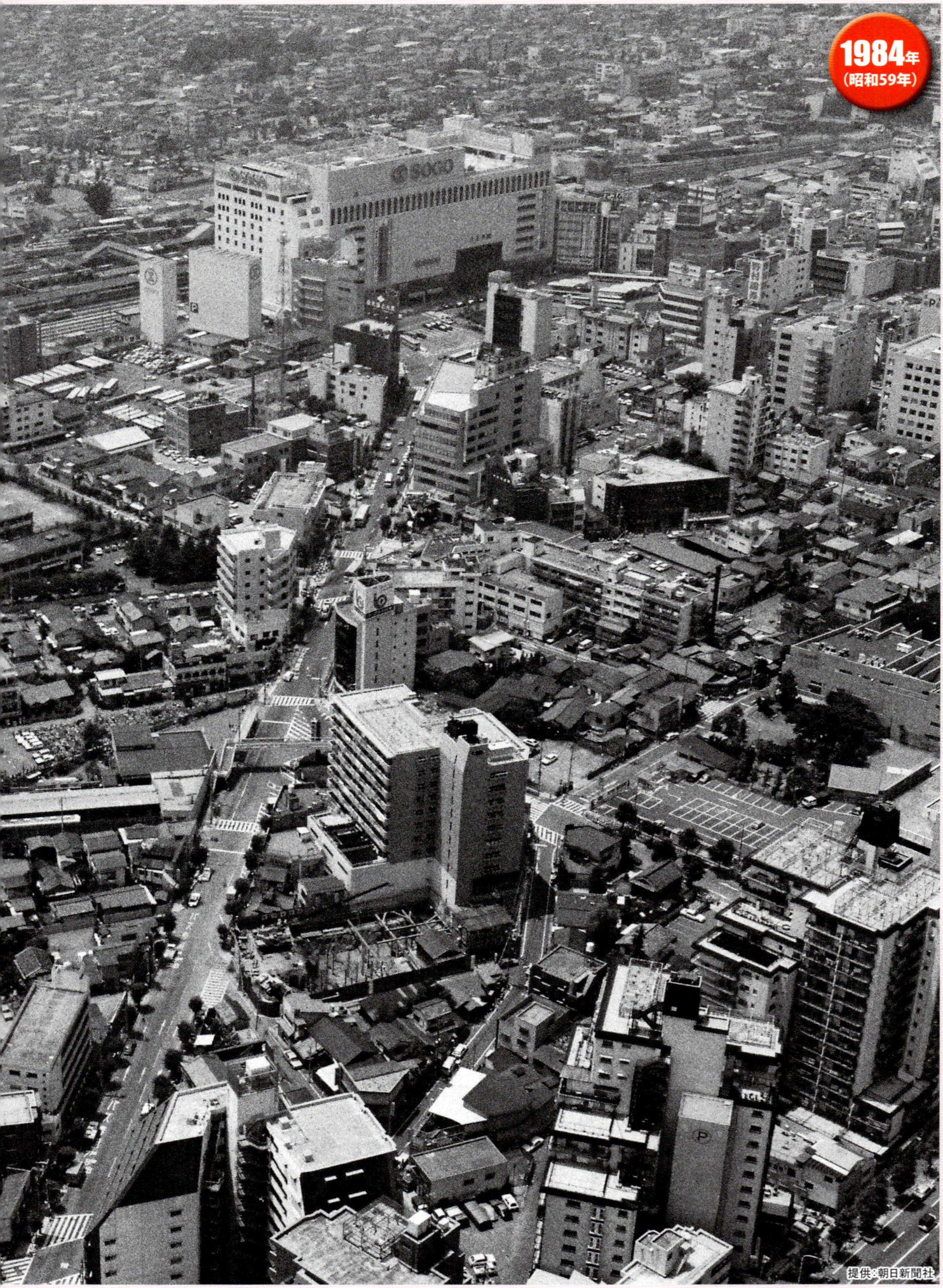

提供：朝日新聞社

左側（南東）から延びる２本の線路の先に、国鉄の八王子駅、京王の京王八王子駅が置かれている。甲州街道と野猿街道の南北を結ぶ左側の道路は、国鉄線の下を通り、京王線とは地上の踏切で交差している。この当時、国鉄駅の北口側には、そごう八王子店があったが2012年に閉店し、現在はセレオ八王子に変わっている。両駅の中間に見える大きな建物は、東京都繊維試験場で、現在は八王子合同庁舎となっている。

京王線は八王子市中心部に向かって北寄りに進路を変え、東八王子（現・京王八王子）駅に至る。一方、国鉄線は中央線横浜線ともに貨物線も見えるが、八高線はまだ開通していなかった。東側一帯はほとんどが農地、日野市に変わる前の七生村であった。東八王子駅の北側を流れる浅川には、大和田橋が架かっている。駅付近に見える女学校は、今はない東京府立第四高等女学校である。

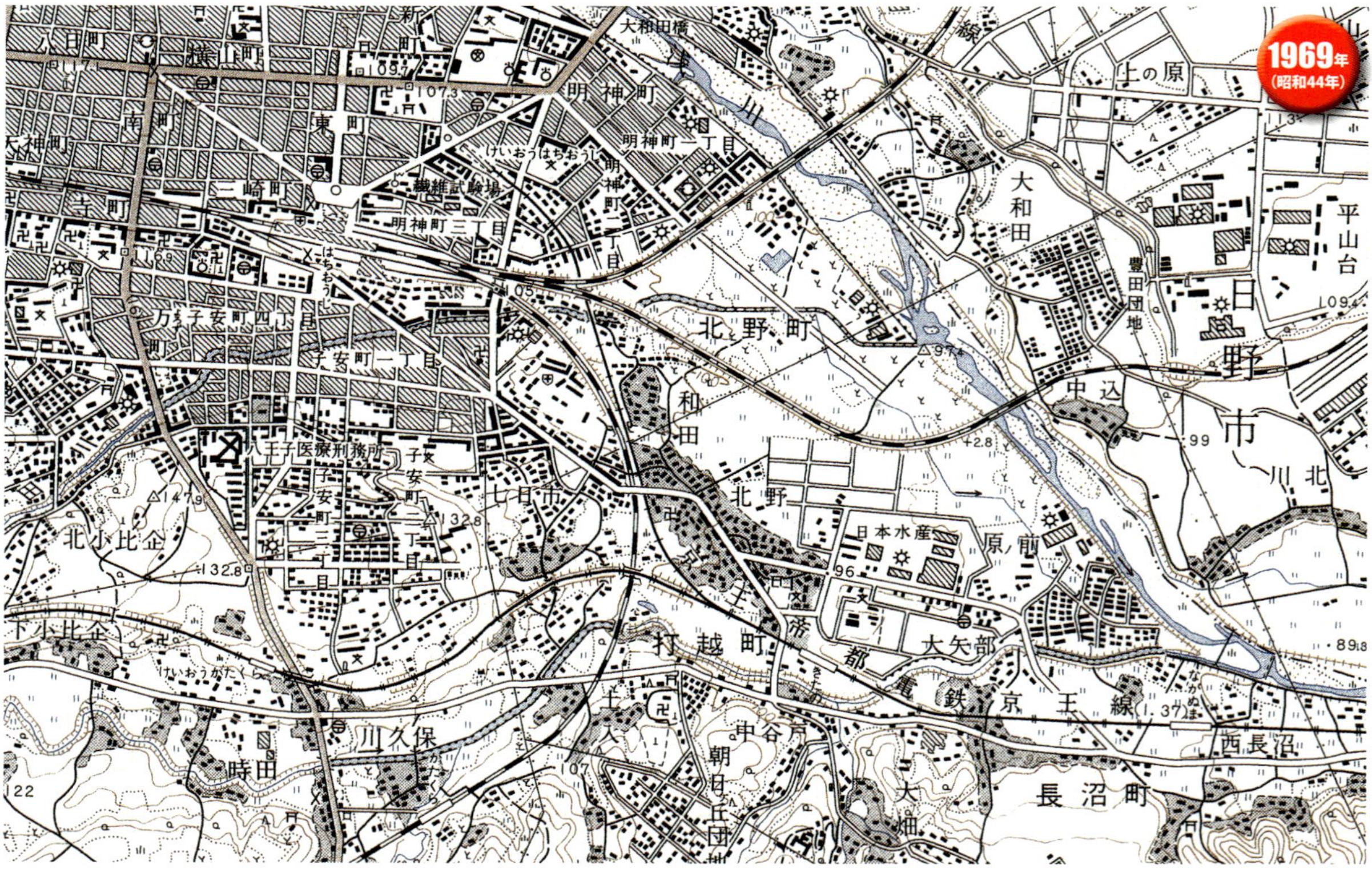

京王線には北野駅から分岐する高尾線が開通し、京王片倉駅が置かれている。また、国鉄の八高線も開通している。横浜線にあった片倉信号所は、1957年に片倉駅に昇格している。東側の日野市内には豊田団地が誕生し、工場も誘致されていた。京王八王子駅付近にはこの当時、東京都の繊維試験場があった。八王子市街は南東に拡大し、子安町には八王子医療刑務所が設置されている。

沿線市史 03

『八王子市史』に登場する京王線

玉南鉄道の開業

京王電気軌道は、大正５年(1916)には運転区間が新宿―府中間に延び、さらに八王子まで延長する計画であった。しかし、多摩川への架橋など建設費が多額になるのに対して、新宿―府中間の利用が予想より伸びておらず、とても延長できるような経営状態ではなかった。やがて府中―八王子間の免許は失効してしまい、八王子までの開通は不透明なものとなっていった。こうした中、多摩川南岸地域では、府中―八王子間の早期建設を求める運動が生じた。それは、京王が当初予定していた甲州街道に沿うルートではなく、府中付近で多摩川を渡り、七生村・由井村を経由して八王子に至るルートを採用してほしいという誘致運動であった。

これを受けて京王は、多摩川南岸地域の有志たちとともに、新たに鉄道会社を設立することにした。大正９年11月、八王子の桑都公会堂で初めて発起人会が開かれ、52名の創立委員と常任委員が決まった。その代表は京王の井上篤太郎であった。同10年10月には敷設免許を取得し、その翌年７月に玉南電気鉄道株式会社を設立した。資本金150万円のうち６割は地元有志側が、４割は京王側が引き受けることになった。このように別会社としたのは、地方鉄道法の適用を受け、政府から補助金を５年間にわたって得ようとしたためである。そして、地方鉄道法はレールの幅を1067ミリとするように定めていたので、新宿―府中間の1372ミリとは異なる軌間を採用することにした。用地の買収は、会社創立にも尽力した沿線有志が中心となって進められた(京王帝都電鉄『京王帝都電鉄30年史』)。建設工事は比較的順調に進んだが、工夫への資金遅配を要因とする同盟罷業（ストライキ）が生じたこともあった。

こうして、大正14年３月に玉南電鉄が開業した。八王子市内の駅は、当初中央本線の南側の台町に設けられる予定であったが、途中で明神町に変更され、駅名も「東八王子」として開設された。京王とはレール幅が異なり、直通運転ができないため、府中で乗り換える必要があった。新宿までの運賃は67銭で、中央本線の八王子―新宿間58銭よりも高くなるので、同じ58銭の特定運賃を設定していた。また、新宿までの所要時間は、玉南電鉄と京王の乗り継ぎの場合は１時間43分、中央本線の場合は１時間17分となり(京王帝都電鉄前掲)、中央本線の方が有利であった。そのため、玉南電鉄はすぐにスピードアップの申請を行っている。一方、列車の運転間隔では、30分間隔で運転される玉南電鉄の方が便利であった。この玉南電鉄の開通により、八王子は運転頻度の高い電気鉄道で東京と結ばれることになった。それによって、八王子の人びとが商用や行楽で東京に出かけやすくなり、また東京から高尾山など八王子周辺に向かう行楽客の増加が促された。

しかし、利用客にとっては、府中での乗り換えは不便であった。また、玉南電鉄は、地方鉄道法による補助金を結局は受けることができなかった。それでは京王が玉南電鉄を別会社にしておくメリットはないので、大正15年に両社は合併の手続きを行った。そして、東八王子―新宿間を直通運転とするため、東八王子―府中間のレール幅も京王と同じ1372ミリに順次改めていった。ホームの高さや車体の大きさを統一する工事も合わせて進められ、東八王子―新宿間全線での直通運転は昭和３年５月から始まった(京王帝都電鉄前掲)。

高尾線に京王片倉、山田、めじろ台、狭間駅
めじろ台駅は1967年開業の高尾線主要駅

京王片倉駅 山田駅 めじろ台駅 狭間駅

現在の京王片倉駅。

現在の山田駅。

現在のめじろ台駅。

現在の狭間駅。

【京王片倉駅】 開業年：昭和6（1931）年3月20日（御陵線開業日）
所在地：東京都八王子市片倉町34-９
キロ程：1.7キロメートル（北野起点）　駅構造：地上駅
ホーム：２面２線　乗降人数：4,767人

【山田駅】 開業年：昭和6（1931）年3月20日（御陵線開業日）
所在地：東京都八王子市緑町４３４
キロ程：3.2キロメートル（北野起点）　駅構造：地上駅（橋上駅）
ホーム：２面２線　乗降人数：5,221人

【めじろ台駅】 開業年：昭和42（1967）年10月1日
所在地：東京都八王子市めじろ台1-１００-１
キロ程：4.3キロメートル（北野起点）　駅構造：地上駅（橋上駅）
ホーム：２面２線　乗降人数：17,832人

【狭間駅】 開業年：昭和42（1967）年10月1日
所在地：東京都八王子市東浅川町７７３
キロ程：5.8キロメートル（北野起点）　駅構造：地上駅
ホーム：２面２線　乗降人数：7,720人

横浜線を越えて京王片倉駅へ

この高尾線は１９３１（昭和６）年３月の開業当時、御陵線と呼ばれていた。

北野駅を出るとまもなく横浜線の線路を越えて、京王片倉駅に至る。この駅は１９３１年３月に片倉駅として開業したが、１９４５年１月に御陵線が不要不急線に指定されたことで休止となった。１９６７年10月、現駅名の京王片倉駅として再開業した。このあたりは、鎌倉幕府の中枢にいた大江広元の子孫が支配していたとされ、片倉城が存在した。

山田駅は１９３１年に開業し、京王片倉駅と同様、一時休止の後、１９６７年10月に再開業した。この「山田」の駅名は、北西に存在する地名から採用されており、この山田町には、臨済宗の名刹、廣園禅寺が存在する。

めじろ台駅は、特急を含むすべての列車が停車する高尾線の主要駅で、めじろ台住宅地の玄関口である。御陵線時代には存在せず、１９６７年10月の開業である。現在の駅の構造は相対式ホーム２面２線の地上駅だが、当初は島式ホーム２面４線であった。駅名の由来は、鳥の「メジロ」からといわれる。

めじろ台住宅地は、１９６７年から第一次分譲が開始され、１９７４年の第11次分譲までで、約１４００世帯、４万６０００人の人口を有する一大住宅地となっていた。１９６８年には、「山田町」から分かれる形で、めじろ台１～４丁目の住居表示も生まれた。

狭間駅は隣のめじろ台駅と同じ、１９６７年10月の開業である。駅名の「狭間」は、初沢山の麓の集落の名前が由来となっている。駅周辺には、沖電気工業、蛇の目ミシン工業、佐藤製薬などの工場や研究所が存在する。

整然と区画整理された住宅地の真ん中を京王高尾線が通り、ほぼ中央にめじろ台駅が置かれている。めじろ台住宅地は1965年に造成が始まり、駅開業と同じ1967年に分譲が開始された。駅付近の線路の両側には、京王めじろ台マンションが並び、北側（右）に京王ストアが店を構えている。右奥には万葉公園の緑が見える。当初の仮称（駅名）は「八王子台」であったが、結果的には野鳥の名前が付けられた。

提供：朝日新聞社

撮影：山田虎雄

開業当時の狭間駅の駅前風景。駅の開業以降は工場などが進出し、周辺にも活気が生まれていった。

撮影：山田虎雄

撮影：山田虎雄

両駅とも御陵線が開通した1931（昭和６）年３月に開業。同線の休止・廃止を経て1967年10月に開業した。

1967年10月に開業、JR中央線との連絡駅
高尾山口駅は高尾山へのケーブル、リフトと連絡

高尾駅、高尾山口駅

現在の高尾駅。

現在の高尾山口駅。

【高尾駅】開業年：昭和42（1967）年10月1日
所在地：東京都八王子市初沢町１２２７-３
キロ程：6.9キロメートル（北野起点）　駅構造：高架駅
ホーム：1面2線　乗降人数：27,425人

【高尾山口駅】開業年：昭和42（1967）年10月1日
所在地：東京都八王子市高尾町２２４１
キロ程：8.6キロメートル（北野起点）　駅構造：高架駅
ホーム：1面2線　乗降人数：11,442人

北側には昭和天皇武蔵野陵

高尾線の高尾駅が開業したのは、1967（昭和42）年10月である。新宿駅を出発して西に延びてきた京王の路線は、この駅で再び中央線と連絡することになる。京王の高尾駅の構造は、島式ホーム1面2線の高架駅で、JR線の南側に駅舎、ホームが置かれている。駅の所在地は、京王駅が八王子市初沢町であるのに対して、JR駅は同市高尾町である。

一方、国鉄の高尾駅は1901（明治34）8月、八王子～上野原間の中央線延伸時に浅川駅として開業している。現在の所在地は八王子市高尾町だが、当時は南多摩郡浅川村の一部で、村名が駅名に採用された形である。現在も駅周辺には、浅川小学校・中学校、郵便局といた、多摩川の支流である浅川に由来する施設が数多く残っている。国鉄の浅川駅は1961年3月、高尾駅に駅名を改称している

ここから南西にさらに1・7キロ進んだ高尾山口駅が、現在は高尾山・薬王院の玄関口となっている。開業は高尾駅と同じ1967年10月で、駅の構造は島式ホーム1面2線を有する高架駅である。2015年に、建築家の隈研吾デザインによる、「高尾山のスギ並木」にちなんで杉材を利用した、新しい駅舎が誕生している。この駅で、高尾山の登山客が利用する、高尾山ケーブルカーの清滝駅、リフトの山麓駅と連絡している。

この高尾駅の周辺には、拓殖大学八王子キャンパスなどがあり、学生の利用者も多い。高尾駅の北側には昭和天皇武蔵野陵が存在する。

①国鉄高尾駅
官設鉄道の駅として1901年に高尾駅が開業した。中央線の快速電車の終着駅として現在もテレビの話題で取り上げられる駅である。

②建設中の高尾線
建設中の高尾線。建設中だった高尾線の高架部分が既に姿を現している。1967年10月に開通し、国鉄高尾駅との連絡が実現した。

③甲州街道（国道20号）
都内と山梨方面を結ぶメインロードの甲州街道（国道20号）は、この駅前を通り高尾山の山道に向かう。現在は北側を中央自動車道が入っている。

④高尾街道
高尾駅前から北に向かう高尾街道は、甲州街道を越えて浅川を渡って進んでゆく。

⑤浅川
開業当時の高尾駅は、この川の名称を採って浅川駅と呼ばれていた。多摩川の支流のひとつである。

1967年10月に開業した高尾線の終着駅、高尾山口駅のホームに停車している開通記念の祝賀列車。1963年から投入され続けていた、5000系の車両が起用されていた。

1967年10月１日、新しく開業することになった高尾線のPRポスター。

1960年
（昭和35年）

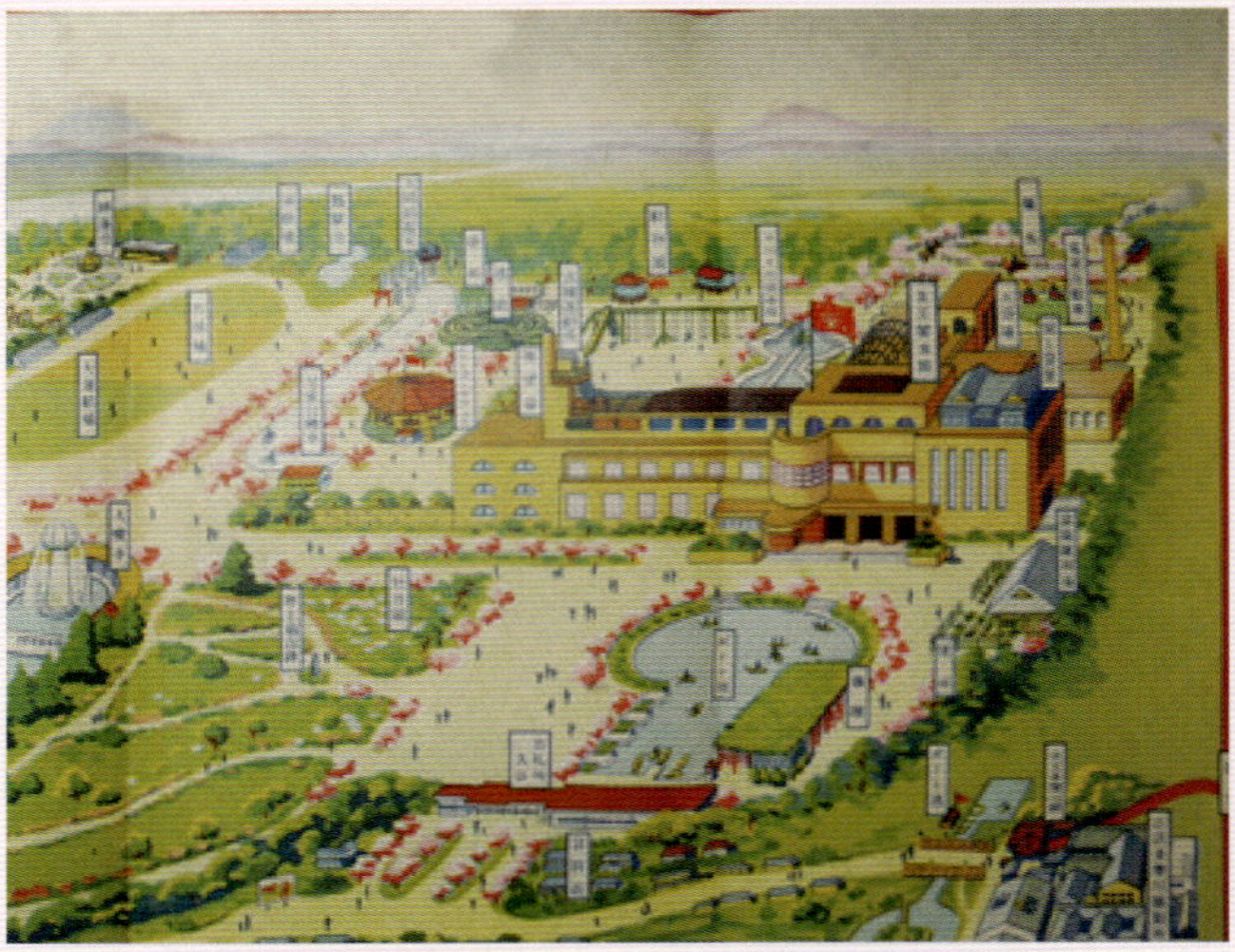

京王閣は、京王沿線の人気遊園地として多くの来場者を迎えていた。

京王多摩川駅に人気遊園地の歴史ある京王閣
京王稲田堤駅はJR南武線の稲田堤駅と連絡

京王多摩川駅
京王稲田堤駅

現在の京王多摩川駅。

現在の京王稲田堤駅。

【京王多摩川駅】 開業年：大正5（1916）年6月1日
所在地：東京都調布市多摩川4-40- 1
キロ程：1.2キロメートル（調布起点）　駅構造：高架駅
ホーム：２面２線　乗降人数：17,594人

【京王稲田堤駅】 開業年：昭和46（1971）年4月1日
所在地：神奈川県川崎市多摩区菅4- 1- 1
キロ程：2.5キロメートル（調布起点）　駅構造：高架駅
ホーム：２面２線　乗降人数：54,260人

多摩川、南武線を越え西へ

調布駅で分かれた相模原線には、京王多摩川、京王稲田堤駅が置かれている。この２つの駅は多摩川を挟んだ南北に位置し、前者は東京都調布市、後者は神奈川県川崎市多摩区にある。

京王多摩川駅は１９１６（大正５）年６月、京王電気軌道多摩川支線（現・相模原線）の終着駅である多摩川原駅として開業している。この路線は当初、多摩川の砂利を運ぶことが主な目的であった。その後、１９２７（昭和２）年にレジャー施設「京王閣」が開園し、行楽客も利用するようになる。１９３７（昭和12）年５月、現駅名の「京王多摩川」に改称している。

駅の構造は相対式ホーム２面２線を有する高架駅である。京王閣は現在、京王閣競輪場（東京オーヴァル）に変わり、競輪開催時以外にはイベントなども開催されている。

次の京王稲田堤駅は、１９７１（昭和46）年４月、京王相模原線の駅として開業した。駅の構造は、相対式ホーム２面２線を有する高架駅である。この駅のホーム下をＪＲ南武線が通り、東側には稲田堤駅が置かれている。

ＪＲの稲田堤駅は１９２７年11月、南武鉄道の停留場として開業して翌年に駅へと昇格した。１９４４年に南武鉄道が国有化され、国鉄の駅となった。この北側の多摩川には１８９８（明治31）年、日清戦争の勝利を記念して、サクラの木が植えられ、花見の名所としても有名になった。また、付近はナシの産地としても知られている。

戦前は人気遊園地だった京王閣、戦後は京王百花苑（後に京王フローラルガーデン）、京王閣競輪場の玄関口として、多くの乗降客が利用した京王多摩川駅。この頃は、頭端式ホームをもつ終着駅であり、休日には多くの人々が利用者しやすいように、間口の広い駅舎が存在した。1968年に高架駅に変わり、ホームも相対式２面２線となった。

提供：読売新聞社

手書きで「祝京王相模原線開通」と記された横断幕が掲げられている、開業時の京王稲田堤駅の改札口付近。南武線に乗り換えるためには少々時間がかかる。

1971年（昭和46年）

撮影：荻原三郎

稲城市内に京王よみうりランド、稲城の2駅
川崎市麻生区には若葉台駅が1974年に開業

京王よみうりランド駅
稲城駅、若葉台駅

【京王よみうりランド駅】 開業年：昭和46（1971）年4月1日
所在地：東京都稲城市矢野口２２００-１
キロ程：3.9キロメートル（調布起点）　駅構造：高架駅
ホーム：2面2線　乗降人数：13,408人

【稲城駅】 開業年：昭和49（1974）年10月18日
所在地：東京都稲城市東長沼３１０８
キロ程：5.5キロメートル（調布起点）　駅構造：地上駅（橋上駅）
ホーム：2面2線　乗降人数：20,956人

【若葉台駅】 開業年：昭和49（1974）年10月18日
所在地：神奈川県川崎市麻生区黒川字東６０９
キロ程：8.8キロメートル（調布起点）　駅構造：地上駅（高架駅）
ホーム：2面4線　乗降人数：26,934人

現在の京王よみうりランド駅。

現在の稲城駅。

現在の若葉台駅。

稲城市内を鶴川街道に沿って

京王相模原線が再び東京都に入ると、稲城市に京王よみうりランド駅と稲城駅の２駅が存在する。京王よみうりランド駅は、南西に広がる遊園地「よみうりランド」、読売ジャイアンツ球場の北側の玄関口である。駅の開業は１９７１（昭和46）年４月で、このときに京王多摩川～京王よみうりランド間が開通して相模原線と改称された。当初は終着駅であった京王よみうりランド駅は、１９７４年10月に京王よみうりランド～京王多摩センター間が延伸して途中駅となっている。

稲城駅は北東に鶴川街道が通り、沿道に稲城市役所がある同市の中心駅である。駅の開業は１９７４年10月で、現在の駅は橋上駅舎を有している。この稲城市は、１８８９（明治22）年に神奈川県南多摩郡に誕生した稲城村がルーツである。１８９３年に東京府（現・東京都）に移管され、１９５７年に稲城町に変わった。市制が敷かれたのは、１９７１年である。

次の若葉台駅は都県境を越えた神奈川県川崎市麻生区に存在する。駅の開業は同じく１９７４年10月で島式ホーム２面４線の構造だが、傾斜地にあるため、稲城駅側が高架、京王永山駅側が地平となっている。駅の北西には京王の若葉台検車区、若葉台工場が設けられている。

左側（南）には、大きなカーブを描いて走る京王相模原線の線路が見え、若葉台駅と若葉台検車区、車両工場が置かれている。その横（北側）では、若葉台住宅地、若葉台公園などが開発されようとしていた。丘陵が広がる中の傾斜地に設けられて高低差のある駅と周辺の様子が、よくわかる空撮写真である。中央やや右寄りを縦断する東西の道路は、都道18号である。右側には、一部分が見える南多摩尾根幹線道路（都道19号）が走っている。

稲城駅の西側に広がる向陽台付近の空撮写真である。左手には稲城中央公園野球場があり、北東に隣接する形で、稲城市立向陽台小学校と稲城第五中学校が存在している。手前を走るのは、南多摩尾根幹線道路である。

提供：朝日新聞社

①京王・小田急永山駅

1974年６月に小田急駅、10月に京王駅が開業した。３層の構造の３層がホーム、２層が駅舎、１層がバスターミナルである。

②日本医科大学多摩永山病院

東京都などの要請により、1977年に日本医大が多摩ニュータウンの基幹病院として開院した。病床数は401床である。

③北諏訪小学校

多摩市立北諏訪小学校は1975年に開校した。グラウンドの下を京王線、小田急線が通っている。

④鎌倉街道

鎌倉街道と呼ばれる都道18号は、この永山駅付近では３本の道路が南北に通っている。

現在の京王永山駅。

相模原線の延伸で1974年に京王永山駅が開業
小田急多摩線の小田急永山駅と向かい合わせに

京王永山駅

開業年：昭和49（1974）年10月18日
所在地：東京都多摩市永山1-18-1
キロ程：11.4キロメートル（調布起点）　駅構造：高架駅
ホーム：２面２線　乗降人数：46,036人

多摩ニュータウン北の玄関口

１９７４（昭和49）年に小田急多摩線の開業と京王相模原線の延伸が行われ、隣接する形で「2つの永山駅」が開業した。６月に小田急永山駅、10月に京王永山駅が開業し、多摩ニュータウン諏訪・永山地区の新しい玄関口となった。京王永山駅の構造は相対式ホーム２面２線の高架駅で、南側に小田急永山駅が置かれている。

京王永山駅の所在地（住所表記）は多摩市永山1丁目である。この多摩市は１９７１（昭和46）年に市制が施行された、都内では比較的新しい自治体である。

１８８９（明治22）年に当時の神奈川県に多摩村が誕生。東京都に移管された後、１９６４（昭和39）年には多摩町となった。現在、市役所は駅の北側、都道18号沿いに置かれている。高架駅である永山駅の下を通る都道18号は鎌倉街道、府中街道などと呼ばれるが、多摩市内には複数のバイパスが存在している。

この多摩市・稲城市・八王子市・町田市にまたがる多摩ニュータウンは、日本最大規模のニュータウンとして、１９６０年代から開発がスタートした。１９７１（昭和46）年からは、第一次入居が始まったが、このときは永山駅などが開業前であり、聖蹟桜ヶ丘駅などからのバス利用がメインであった。

１９７４（昭和49）年に京王永山駅、京王多摩センター駅、小田急永山駅が開業したことで、交通の便は一挙によくなった。１９７５年には小田急が延伸して小田急多摩センター駅が誕生している。小田急の唐木田駅が開業するのは、１９９０（平成2）年である。

1997年の多摩ニュータウン永山地区の空撮写真である。京王、小田急線が開通して駅ができたことで、他に先駆けてマンションや商業施設が誕生していた。

多摩ニュータウンの玄関口、人気テーマパークも
小田急の多摩線、多摩都市モノレール線と連絡

京王多摩センター駅

現在の
京王多摩センター駅。

開業年：昭和49（1974）年10月18日
所在地：東京都多摩市落合1-10-2
キロ程：13.7キロメートル（調布起点）　駅構造：高架駅
ホーム：2面4線　乗降人数：87,551人

京王線・小田急線が並び進む

京王永山駅とともに東京都多摩市に置かれ、多摩ニュータウンの玄関口となっているのが、京王多摩センター駅である。

１９７４（昭和49）年10月に京王多摩センター駅が開業し、約半年遅れて、１９７５（昭和50）年４月に小田急多摩センター駅が開業した。多摩都市モノレールの多摩センター駅が開業したのは、２０００（平成12）年１月である。

京王多摩センター駅の構造は、島式ホーム２面４線を有する高架駅である。３階部分にホーム、２階部分に改札口があり、小田急線の改札口と連絡している。また、多摩都市モノレールの多摩センター駅は、少し離れた南西に置かれている。この多摩都市モノレールが走る都道は「多摩モノレール通り」と呼ばれ、駅の北側では京王相模原線と並行して走る都道「多摩ニュータウン通り」と交差することになる。

多摩センター駅の南側には、多摩中央公園、多摩市複合文化施設「パルテノン多摩」があるほか、京王プラザホテル多摩、イオンシネマ多摩センター、ベネッセコーポレーション東京ビルといった商業施設も多数存在している。また、南東にはハローキティなどの人気キャラクターで知られる、屋内型テーマパーク「サンリオピューロランド」も存在する。この多摩センター駅までが多摩市内にあり、次の京王堀之内駅は八王子市内に置かれている。

①京王・小田急多摩センター駅

1974年に京王多摩センター駅、1975年に小田急多摩センター駅が開業して、多摩ニュータウンの玄関口となった。

②イトーヨーカドー多摩センター店

駅前の開発が進んでいた1980年、イトーヨーカドー多摩センター店が開店した。現在、付近に京王プラザホテル多摩などが建つ。

③多摩中央公園

９万８５００平方の広大な面積を誇る公園で、パルテノン多摩やグリーンライブセンターなどの文化施設を備えている。

京王と小田急の駅誕生から20年以上が経過し、開発が進んでいた頃の京王多摩センター駅付近の空撮。1994年には福武書店（現・ベネッセコーポレーション）東京ビルのような高層ビルも建設されている。

①京王相模原線

1988年に相模原線は南大沢駅まで延伸してきた。駅は画面の右端付近に置かれている。橋本駅までの延伸は1990年である。

②多摩ニュータウン通り

多摩ニュータウン通りは、この南大沢駅付近では京王線と並行して走っている。この先で南下して町田街道方面に向かう。

③首都大学東京南大沢キャンパス

首都大学東京の本部は、南大沢キャンパスに置かれている。この南大沢キャンパスには、東京都立大学時代の1991年に移転した。

相模原線は八王子市内に京王堀之内と南大沢の2駅
町田市の多摩境駅は、京王線では最も新しい駅

京王堀之内駅 南大沢駅 多摩境駅

現在の京王堀之内駅。

現在の南大沢駅。

現在の多摩境駅。

【京王堀之内駅】開業年：昭和63（1988）年5月21日
所在地：東京都八王子市堀之内3-24-4
キロ程：16.0キロメートル（調布起点）　駅構造：高架駅
ホーム：2面2線　乗降人数：32,102人

【南大沢駅】開業年：昭和63（1988）年5月21日
所在地：東京都八王子市南大沢2-1-6
キロ程：18.2キロメートル（調布起点）　駅構造：地上駅［橋上駅］
ホーム：2面2線　乗降人数：64,057人

【多摩境駅】開業年：平成3（1991）年4月6日
所在地：東京都町田市小山ヶ丘3-3-23
キロ程：20.1キロメートル（調布起点）　駅構造：地上駅［橋上駅］
ホーム：2面2線　乗降人数：20,226人

沿線に王貞治記念グラウンド

相模原線で八王子市内最初の駅は京王堀之内駅である。この駅は1988（昭和63）年5月、京王多摩センター～南大沢間の開通時に開業している。駅の構造は相対式ホーム2面2線の高架駅である。

次の南大沢駅は1988年5月、京王多摩センター駅から延伸した際に終着駅として開業した。1990（平成2）年3月には橋本駅まで延伸したため途中駅となった。駅の構造は、相対式ホーム2面2線の地上駅で、橋上駅舎を有している。この駅は掘割部分に位置しているため、橋上駅舎の改札口は、駅前広場と同じ地上部分にある。南大沢駅と多摩境駅との間には、線路沿いにヤマザキ学園大学のキャンパス、王貞治記念グラウンドが存在する。

多摩境駅は、町田市に置かれた相模原線唯一の駅である。町田市が西側に細く延びた部分に位置し、駅の南側の神奈川県相模原市との都県境付近を、町田街道が走っている。多摩境駅の駅名は、東京都と神奈川県との境目にあり、近くを境川が流れていることから名付けられた。

駅の開業は1991（平成3）年4月で、京王電鉄では最も新しい駅である。駅の構造は相対式ホーム2面2線の地上駅で、橋上駅舎を有している。南大沢トンネルに近い側は掘割にあり、橋本駅寄りは高架となっている。

1988年に京王相模原線は南大沢駅まで暫定的に開通し、途中駅として京王堀之内駅が開設された。これは開業当時の同駅の空撮写真で、駅前の土地や道路がまだ開発途上であったことがわかる。

開業当時の南大沢駅の空撮である。この後、東京都立大学（現・首都大学東京）のキャンパス（本部）などが整備されて、駅周辺は活気を増していく。

相模原線の終着駅は、相模線・横浜線と連絡
2027年開業予定のリニア中央新幹線の駅が計画

橋本駅

【橋本駅】開業年：平成2（1990）年3月30日
所在地：神奈川県相模原市緑区橋本2-3-2
キロ程：22.6キロメートル（調布起点）　駅構造：高架駅
ホーム：1面2線　乗降人数：95,914人

相模原線の開通、新駅の誕生で沸き立つ橋本駅の駅前。紅白の幕が張られ、模擬店のテントに集まる人々の姿があった。

現在の橋本駅。

駅西側に相模原市緑区役所

京王相模原線の橋本駅は、1990（平成2）年3月に南大沢駅から延伸した際に開業している。JRの橋本駅の南西側に位置し、横浜線や相模線との連絡駅となっている。京王の駅の構造は島式ホーム1面2線を有する高架駅で、改札口とJR線との連絡通路が2階、ホームが3階に設置されている。

京王の駅開業から82年をさかのぼる1908（明治41）年9月、当時の横浜鉄道の駅が開業したのが橋本駅のスタートである。この横浜鉄道は1910（明治43）年4月に当時の鉄道院に借り上げられ、1917（大正6）年10月に国鉄横浜線の駅となった。続いて、1931（昭和6）年4月、相模鉄道相模線が厚木駅から延伸し連絡駅となり、この相模鉄道も太平洋戦争中の1944（昭和19）年6月に国有化されて、相模線となった。2027年に開業予定のリニア中央新幹線では、この橋本駅付近に中間駅が置かれる計画がある。

「橋本」の地名は、八王子街道（現・国道16号）が境川を渡る「両国橋」に由来する。この「両国」とは、武蔵、相模の2国であり、相原、橋本付近が国境となっていた。両国橋付近には橋本宿が開かれ、八王子街道、大山街道の往来とともに発展する。江戸時代からあった橋本村は一時、相原村の一部となり、1941（昭和16）年に高座郡相模原町に編入され、1954（昭和29）年に相模原市の一部となった。駅の西側には東京環状・八王子バイパス（国道16号）が走っている。

橋本駅の島式高架ホーム。津久井方面への延伸が計画されていたが、実現しなかった。

祝賀ムードに包まれている橋本駅前。立て看板とともに、万国旗などが飾られている。右は神奈川中央交通の回送バス。

京王の橋本駅は東側でJR線と連絡している。これはJR側から京王の駅舎を見た風景である。

「祝開通　京王相模原線」の横断幕が掲げられている橋本駅の駅前風景である。横浜・八王子方面を結ぶ横浜線が通る橋本駅が、京王相模原線によって新宿方面と結ばれたことから、京王の新線に寄せる地元の期待は大きかった。北東から延びる相模原線は、駅の手前で横浜線の上を越えて、JR駅の南側に駅舎を設けた。相模原市は2003年に中核市に指定され、2006年に津久井町、相模湖町、2007年に城山町、藤野町と合併するなど市域を拡張していった。

沿線市史

04 『多摩市史』に登場する京王線②

ニュータウンへの鉄道新設

昭和40年（1965）12月、多摩ニュータウン開発が都市計画決定される。ニュータウン入居者の都心方面への通勤通学手段を確保するため、大量輸送可能な公共交通機関として、都心とニュータウンとを結ぶ鉄道敷設が、ニュータウン開発には必要不可欠な条件であった。

多摩ニュータウン開発の検討が重ねられていた昭和39年（1964）、京王帝都電鉄（現京王電鉄）、小田急電鉄、西武鉄道の３社が、それぞれニュータウン区域への路線免許を申請した。京王の申請は、京王多摩川駅から稲城町を抜けてニュータウン区域を東西に横断し、現JR橋本駅を経由して神奈川県津久井町へ達する路線であった。小田急の申請は、世田谷区の小田急線喜多見駅を起点に狛江町、調布市、稲城町を通過し、多摩町に入って現在の多摩ニュータウン通り沿いに進み、さらに八王子市由木地区、橋本駅を経由し、神奈川県城山町まで向かう路線であった。一方、西武鉄道は、現JR中央線武蔵境駅より西武多摩川線を利用して南下し、ニュータウン区域へ路線を延伸させる計画であった。

昭和39年（1964）５月、多摩ニュータウン内の鉄道輸送に関する調査が報告された。その報告では、ニュータウンへの路線敷設条件として、都心への直通運転、道路との立体交差などが示された。西武鉄道の計画は、それらの条件を満たすことが困難なため、免許申請を取り下げている。

昭和41年（1966）７月、京王は稲城中央～相模中野間の、小田急は喜多見～城山間の路線免許をそれぞれ受けた。しかし、翌42年６月、小田急は起点などを変更するため、新たに路線申請を行った。多摩川へ新たに架橋工事を行うと、巨額の建設費を要することや、狛江町内での用地買収が難航していたことが変更の大きな理由であった。昭和42年12月、小田急は川崎市百合ヶ丘を起点に、終点を多摩に変更した路線免許を受けた。そして、両路線はニュータウン開発の進展とともに、着工段階で現行ルートへと落ち着いた。昭和41年10月に着工していた、京王よみうりランド駅までの延伸工事が終了し、46年４月に京王相模原線の一部区間として開通した。

多摩ニュータウンへの鉄道敷設の準備は整ったが、京王、小田急両社は、経営上の理由からニュータウンへの鉄道延伸に慎重な姿勢を取っていた。それには、おもに次のような事情があった。入居者数が少ない時期にニュータウンへ鉄道敷設すると、巨額の先行投資を必要とする。また、鉄道を開業しても、朝夕のラッシュ時にだけの、一定方向にのみの乗客集中が予想されていた。敷設工事に際し、交通渋滞回避や交通安全上の問題から、路線の立体化が要求されるため、建設費が割高となるなどがその理由である。このような事情から、京王、小田急両社は、着工に踏み切るには、国などからの強力な後押しが必要であると主張していた。

昭和46年（1971）３月、鉄道が開通しないまま、多摩ニュータウン初の入居が諏訪、永山地区で行われた。入居した同地区の住民のおもな足は、聖蹟桜ヶ丘駅までのバス路線であった。交通の不便さから、ニュータウンは「陸の孤島」と不名誉な表現で呼ばれるようになった。そのため、諏訪、永山地区住民は、ニュータウンまでの鉄道早期開通を強く望んでいた。

こうした現状に、国としても早急に多摩ニュータウンまで鉄道開通させるため、鉄道会社に対する具体的な助成策を講じる必要に迫られた。様々な対策が関係各機関で取りはかられ、昭和47年（1972）５月、鉄道敷設に関係する大蔵・運輸・建設省間の合意が成立し、「大都市高速鉄道の整備に対する助成措置に関する覚書」が取決められた。

（以下略）

2章

井の頭線

1956年（昭和31年）

提供：朝日新聞社

現在の渋谷駅。

現在の神泉駅。

井の頭線の始発駅は、JR渋谷駅の西側に存在
JR、東京メトロ、東横線、田園都市線と連絡

渋谷駅、神泉駅

【渋谷駅】 開業年：昭和8（1933）年8月1日
所在地：東京都渋谷区道玄坂1－4－1
キロ程：0.0キロメートル（渋谷起点）　駅構造：高架駅
ホーム：2面2線　乗降人数：357,444人

【神泉駅】 開業年：昭和8（1933）年8月1日
所在地：東京都渋谷区神泉町4－6
キロ程：0.5キロメートル（渋谷起点）
駅構造：地上駅／トンネル内（橋上駅）
ホーム：2面2線　乗降人数：10,400人

神泉駅まで地下区間を進む

渋谷で最初に置かれた駅は、1885（明治18）年3月開業の日本鉄道品川線の渋谷駅である。この渋谷駅は現在のJR埼京線ホーム付近に置かれており、1日の利用客は10数人ほどのローカルな駅であった。渋谷駅周辺に活気があふれるようになるのは、関東大震災後であるが、その前に玉川電気鉄道（玉電）の開業、東京市電が延伸したことが発展の契機となっている。

帝都電鉄（現・京王電鉄）の井の頭線が開業したのは1933（昭和8）年8月で、渋谷～井之頭公園（現・井の頭公園）間であった。翌年4月には吉祥寺駅まで延伸して全線が開通した。国鉄の渋谷駅の所在地は、渋谷区道玄坂1丁目1番1号であり、京王の駅は道玄坂1丁目4番1号で、東横百貨店（現・東急百貨店）、西口広場を挟んで西側に位置する形である。当時、既に東急（旧・玉電）の玉川線が開業しており、玉川線の渋谷駅は1939（昭和14）年、東横百貨店が入っていた玉電ビル2階に移転して並列する形となっていた。この玉川線は1969（昭和44）年に廃止され、現在は田園都市線に変わっている。

井の頭線の隣駅である神泉駅とは、わずか0・5キロしか離れていない。神泉駅は同じ渋谷の街中ともいえる同区神泉町に置かれている。神泉駅の開業は同じ1933年8月である。現在は駅を含む路線は地下区間になっているが、開業当初は地上区間であった。渋谷駅も1997（平成9）年に現在地に移転し、西口が開設されている。2000（平成12）年には新しい駅ビル、渋谷マークシティが誕生した。

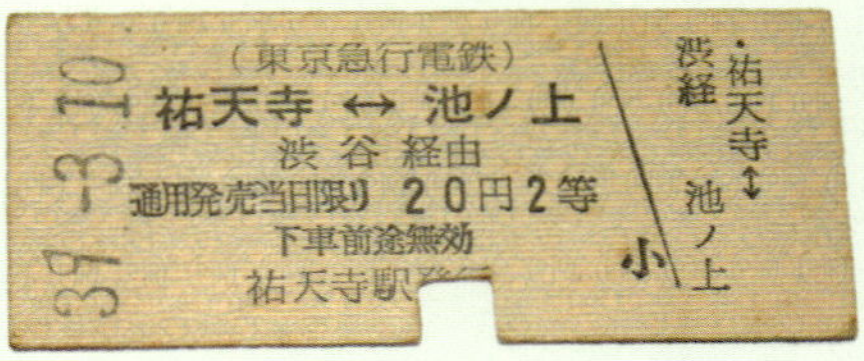

①東横百貨店

渋谷のターミナルデパートとして発展した東横百貨店。銀座線渋谷駅をビル内に含み、増築を重ねたために店内の構造は複雑である。

②東急渋谷駅

東急東横線の始発駅であった渋谷駅である。かまぼこ型の屋根が続く独特の外観が特徴だったが、地下駅となって姿を消した。

③渋谷東急ビル

渋谷東急ビルは1965年にオープンし、「渋谷東急ビル」「渋谷東急プラザ」として西口駅前の人気スポットだったが、2015年に再開発に向けて閉館した。

④国鉄渋谷駅ハチ公口

渋谷駅を舞台とした忠犬ハチ公の物語は映画などで世界的に有名となった。銅像のある広場に面したJR改札口はハチ公口と呼ばれる。

⑤井の頭線渋谷駅

改築される前の井の頭線渋谷駅である。その後も、階下には寿司の立ち食いスタンドがあるといった庶民的な雰囲気が残っていた。

⑥営団地下鉄銀座線

渋谷駅の西側には、営団地下鉄の車庫が設けられていた。戦前から地上で地下鉄の車両が見られる珍しい場所となっていた。

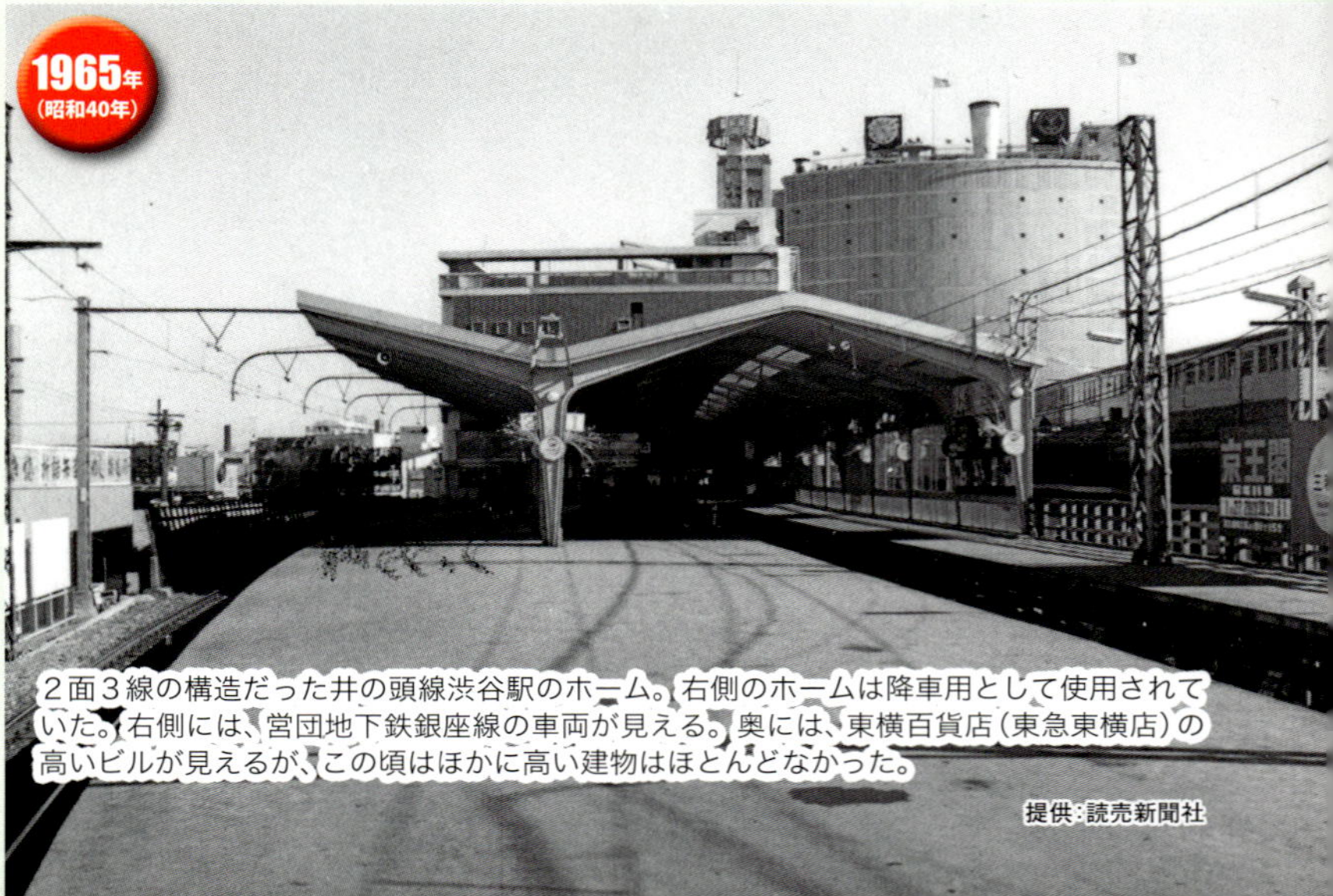

2面3線の構造だった井の頭線渋谷駅のホーム。右側のホームは降車用として使用されていた。右側には、営団地下鉄銀座線の車両が見える。奥には、東横百貨店（東急東横店）の高いビルが見えるが、この頃はほかに高い建物はほとんどなかった。

提供：読売新聞社

提供：朝日新聞社

渋谷駅から西側に延びる３本の線路が見えるが、一番奥の高架線は、営団地下鉄（現・東京メトロ）銀座線の車庫線である。その手前が現在はない玉川線で、1969年に廃止されて、新玉川線（現・東急田園都市線）に変わった。一番手前は京王井の頭線で、この当時は２両編成の電車が渋谷～吉祥寺間を往復していた。奥には、唯一の高いビル建築として、東横百貨店（現・東急東横店）が存在する。まだ、首都高速３号渋谷線は開通しておらず、渋谷周辺には高いビルはほとんどなく、青空が広がっていた。

提供：朝日新聞社

1952年
（昭和27年）

写真右下を山手線が通る渋谷駅の空撮であり、西口のスクランブル交差点が目立つ位置を占めている。拡張を続けていた東急百貨店東横店の下（奥）からは、井の頭線と営団地下鉄（現・東京メトロ）銀座線（車庫線）が左上に向けて延びている。西口側には東急プラザや西武百貨店渋谷店A・B館などが誕生しているものの、後に渋谷の名所となる「１０９」はまだ出現していない。左下には、首都高速３号渋谷線の一部がのぞいている。駐車場や遊園地（休憩スペース）とし利用されていた、デパートやビルの屋上の風景もなかなかおもしろい。

提供：毎日新聞社

1975年
（昭和50年）
カラーテレビ
ジャノメミシン
住友銀行

戦前の地図であるため、渋谷駅の北側には代々木練兵場が広がっている。その南の松濤町には鍋島邸が見え、佐賀藩主だった鍋島家はかつて、この周辺に広大な土地を有していた。一方、南側の鉢山町付近には山本邸、西郷邸などの邸宅が見える。この当時は、厚木大山街道上を玉川電気鉄道（玉電）が走っていた。帝都電鉄（現・京王井の頭線）は渋谷駅から西に進み、神泉駅が置かれている。

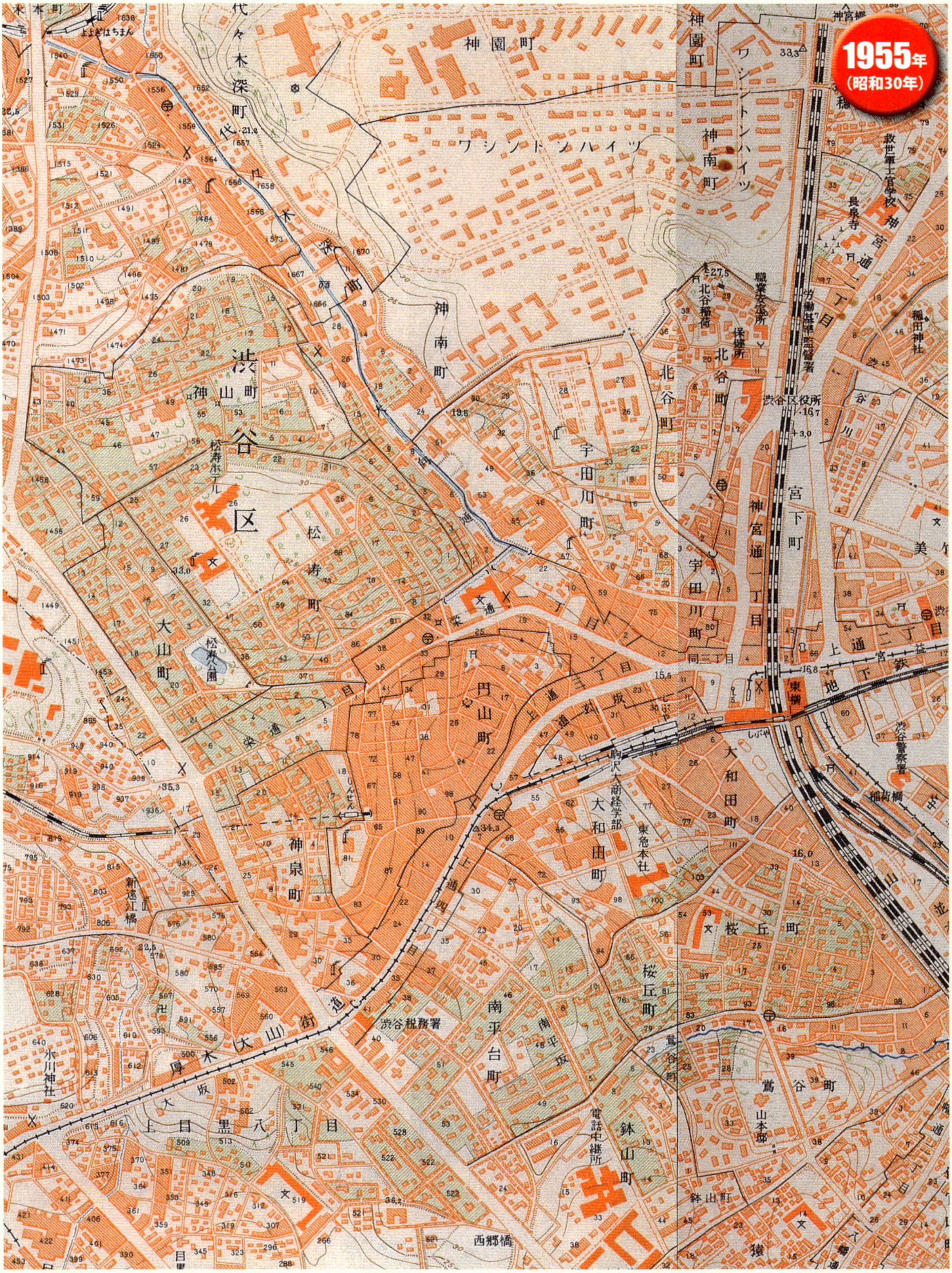

広大な代々木練兵場は、アメリカ軍のワシントンハイツに変わっている。返還後は代々木公園、NHK（日本放送協会）などになった。この地図でもまだ、渋谷駅の南側を横断する国道246号（青山通り）は開通していない。この当時、大和田町（現・桜丘町）の東急本社付近には、駒沢大学商経学部が置かれていた。地図の中央に見える「文」は渋谷区立大向小学校で、現在は東急本店が建つ。

目黒区に駒場東大前駅、世田谷区には池ノ上駅
下北沢駅は再開発で地下駅に、小田急線と連絡

駒場東大前駅、池ノ上駅、下北沢駅

【駒場東大前駅】 開業年：昭和8（1933）年8月1日
所在地：東京都目黒区駒場3-9-1
キロ程：1.4キロメートル（渋谷起点）
駅構造：地上駅（東口のみ橋上駅）
ホーム：1面2線　乗降人数：39,101人

【池ノ上駅】 開業年：昭和8（1933）年8月1日
所在地：東京都世田谷区代沢2-43-8
キロ程：2.4キロメートル（渋谷起点）　駅構造：地上駅（橋上駅）
ホーム：1面2線　乗降人数：10,050人

【下北沢駅】 開業年：昭和8（1933）年8月1日
所在地：東京都世田谷区北沢2-20-1
キロ程：3.0キロメートル（渋谷起点）　駅構造：高架駅
ホーム：1面2線　乗降人数：114,452人

統合により駒場東大前駅誕生

渋谷～下北沢間には、神泉、駒場東大前、池ノ上の３駅が置かれている。このうち、駒場東大前駅は、井の頭線における目黒区内唯一の駅である。１９３３（昭和８）年８月の井の頭線開業時には東駒場と西駒場の２駅があり、両駅で駅名改称などがあった後の１９６５（昭和40）年７月に統合されて、駒場東大前駅となった。次の池ノ上駅は世田谷区内にあり、同じ１９３３年８月の開業。下北沢駅とは０・６キロしか離れていない。

「シモキタ（下北）」の愛称で知られる下北沢駅は、小田急線との連絡駅である。小田急線の開業は１９２７（昭和２）年４月で、帝都電鉄（井の頭線）開業の６年前から同線の下北沢駅が存在していた。帝都電鉄（現・京王電鉄）下北沢駅の開業は、池ノ上駅と同じ１９３３年８月である。

京王井の頭線と小田急線は長い間、立体交差しており、小田急線は「下の電車」、帝都（井の頭）線は「上の電車」とも呼ばれて、出入り口や乗り換えも複雑であった。２０１３（平成25）年３月に小田急線が地下線となり、駅前も再開発されている。井の頭線の下北沢駅は高架駅で、島式ホーム１面２線を有している。新代田駅寄りのホームは、地表と高さがほぼ同じで、ホーム脇に踏切が置かれている。この「シモキタ」は学生が集まる街として知られ、小劇場、シアターなどが多くあることでも有名である。長く駅前に残っていたレトロな雰囲気の「下北沢駅前食品市場」も人気があった。

現在の駒場東大前駅。

現在の池ノ上駅。

現在の下北沢駅。

1965年に東大前駅と統合されて「駒場東大前駅」に変わる前の駒場駅の駅舎とホーム。現在の駒場東大前駅の西口にあたり、日本民芸館などの玄関口となっていた。

上下方向にはスマートなロマンスカーが見える小田急線が走っている。一方、その上を井の頭線がやや斜めに横切っていく下北沢駅付近の空撮。この駅の周辺には狭い道路が多く、大きなバスなどは入りにくい状態が続いていた。写真右奥の井の頭線ホーム付近に見える富士銀行は現在、みずほ銀行北沢支店になっており、こちらが駅北口である。一方、反対の南口方面には高いマンションなどが建ち、本多劇場などもある。その後、小田急線は地下区間に変わり、駅周辺の風景も大きく変化している。

1986年
（昭和61年）

提供：毎日新聞社

撮影：荻原二郎

1966年に「新代田」へと駅名改称を行う前年の代田二丁目駅である。この頃も環七通り沿いに開けた駅らしい表情を見せていた。

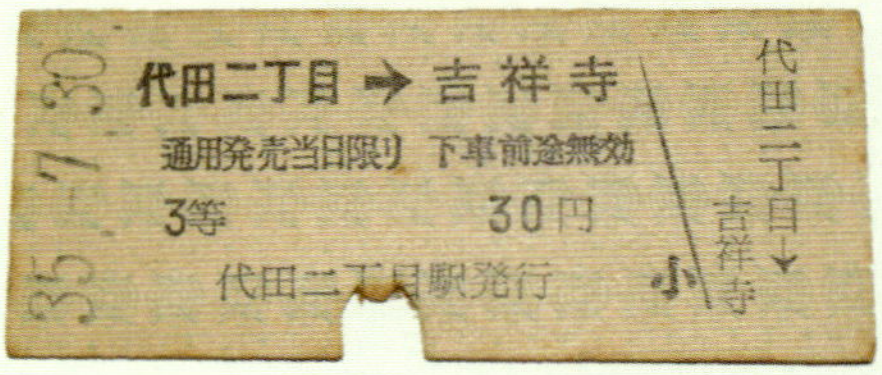

世田谷区内に新代田、東松原。ともに各停が停車
新代田駅は帝都電鉄時代から1966年まで「代田二丁目」

新代田駅、東松原駅

現在の新代田駅。

現在の東松原駅。

【新代田駅】 開業年：昭和8（1933）年8月1日
所在地：東京都世田谷区代田5-30-18
キロ程：3.5キロメートル（渋谷起点）　駅構造：地上駅（橋上駅）
ホーム：2面2線　乗降人数：9,849人

【東松原駅】 開業年：昭和8（1933）年8月1日
所在地：東京都世田谷区松原5-2-6
キロ程：4.0キロメートル（渋谷起点）　駅構造：地上駅（橋上駅）
ホーム：島式1面2線　乗降人数：18,691人

新代田は「代田二丁目」駅から

世田谷区を走る井の頭線には、東から順に池ノ上、下北沢、新代田、東松原、明大前の5駅が存在する。このうち下北沢～新代田間と新代田～東松原間はともに0・5キロしかなく、井の頭線の中でもかなり短い区間となっている。

新代田駅は1933（昭和8）年8月に代田二丁目駅として開業した。この駅名は30年余り使われた後、1966（昭和41）年7月に現在の駅名である「新代田」に改称した。この駅から環七通りを南に向かい、小田急線の線路を越えた場所に代田八幡神社が鎮座している。かつての代田村の鎮守で、環七通りの開通前は広い境内地を有していた。線路の反対側には、世田谷区立代田小学校がある。環七通りの東側には、小田急線の世田谷代田駅が置かれているが、下北沢駅の隣駅ということで、新代田駅との乗換駅にはなっていない。

東松原駅も新代田駅と同じく、帝都電鉄（現・京王井の頭線）開通時の1933年8月に開業している。駅の南東側には「松原」の地名が広がり、現在も東急世田谷線の松原駅が置かれている。

また、京王線と井の頭線の接続駅である明大前駅は、京王線の駅が「松原」、帝都電鉄の駅が「西松原」を名乗っていた時代もあった。

この東松原駅の南側には羽根木公園が広がり、羽根木公園野球場や梅丘図書館がある。さらに南側には小田急線がほぼ東西に走り、梅ヶ丘駅が置かれている。

東京オリンピック開催に合わせて環七通りが開通する前、代田二丁目駅と呼ばれていた頃のホーム風景である。橋上駅舎に改築される前であり、線路は緩やかにカーブしている。相対式２面２線のホーム手前に設けられた構内踏切には、横断する女性とともに駅員の姿もある。奥が下北沢駅方向となっている。

提供：読売新聞社

改装前の東松原駅改札。ホームの端に改札口があり、電車通過時は通行止めとなっていた。

撮影：高橋義雄

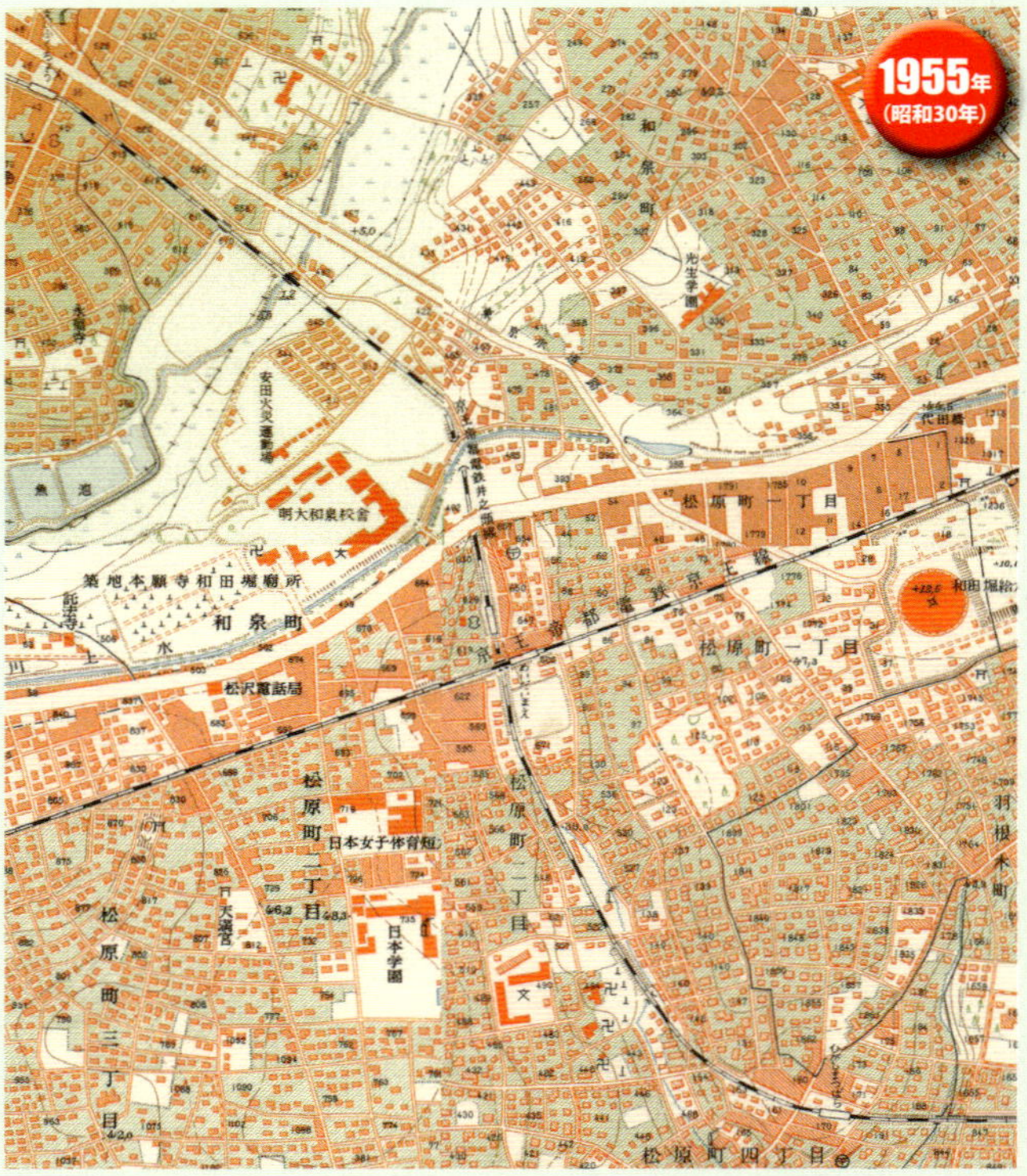

甲州街道の南側にある明大前駅で、京王線と井の頭線が交差する。北側には築地本願寺和田堀廟所があり、南側には日本学園などが見える。

井の頭線と京王線の接続駅、開業時の駅名は「火薬庫前」
改札口を上がると京王線、下には井の頭線ホーム

明大前駅

開業年：昭和8(1933)年8月1日
所在地：東京都世田谷区松原2−45−1
キロ程：4.9キロメートル(渋谷起点)　駅構造：地上駅
ホーム：2面2線　乗降人員：45,918人

駅北側に明大和泉キャンパス

明大前駅は京王線との接続駅であり、井の頭線の駅よりも早く、京王線の火薬庫前駅として開業している。井の頭線が開通した1933(昭和8)年8月は、「西松原」駅を名乗っており、1935年2月に現在の駅名に改称している。駅の構造は1階に改札口があり、井の頭線のホームは地下1階、京王線のホームは2階に置かれている。ホームの構造はともに、相対式2面2線となっている。

京王線の開通前、新宿〜調布間には甲州街道を通る乗合馬車が運行されていた。明大前駅付近はその中間点にあたり、客も馬も休みを取る休憩所が置かれていたとされる。今も昔も、沿線の重要な地点であったことに変わりはない。

この「明大前」の名称はあくまで駅名であり、住居表示では世田谷区松原2丁目となっている。駅の北側を走る甲州街道(国道20号)と首都高速4号新宿線が世田谷区と杉並区の境界であり、明治大学和泉キャンパスは北側の杉並区永福1丁目に広がっている。明大キャンパスの西側には現在、築地本願寺の和田堀廟所が置かれているが、この廟所は関東大震災で被害を受けた築地本願寺の墓地を1929(昭和4)年に移転したものである。ここは江戸時代からの歴史をもつ陸軍火薬庫の跡地で、京王線開業当時の駅名の由来の場所でもあった。

また、明大前駅の東北には井ノ頭通りが走っており、甲州街道と交わる地点が松原交差点となっている。駅の南西には日本女子体育大学附属二階堂高校が存在する。この学校は1948(昭和23)年に二階堂高校として創立され、プロゴルファーの樋口久子や女優の土屋太鳳らを輩出している。

奥に京王線への連絡階段、京王線のホームが見える明大前駅の井の頭線ホームで、奥が東松原駅、手前が永福町駅方向となっている。隣の永福町駅とともに急行停車駅であったが、渋谷駅方向の列車は２面４線のホームをもつ永福町駅で接続を行うため、この駅では朝のラッシュ時に乗り切れない乗客も出ていた。

提供：読売新聞社

当時から京王線との乗り換え階段付近の混雑が特に激しかった井の頭線の明大前駅ホーム。現在も終日、人が絶えない。

撮影：高橋義雄

撮影：荻原二郎

京王線を走っていた2700系を、井の頭線向きにした1900系の各駅停車が明大前駅のホームに到着した。

井の頭線の検車区・工場が置かれていた永福町駅
永福町・西永福駅周辺は、杉並区の高級住宅地

永福町駅、西永福駅

【永福町駅】 開業年：昭和8（1933）年8月1日
所在地：東京都杉並区永福2-60-31
キロ程：6.0キロメートル（渋谷起点）　駅構造：地上駅（橋上駅）
ホーム：2面4線　乗降人数：32,578人

【西永福駅】 開業年：昭和8（1933）年8月1日
所在地：東京都杉並区永福3-36-1
キロ程：6.7キロメートル（渋谷起点）　駅構造：地上駅（橋上駅）
ホーム：1面2線　乗降人数：18,118人

井之頭通り沿いに永福町駅

杉並区に入った井の頭線は、西寄りに向きを変えて進み、永福町駅に至る。井の頭通りに面したこの駅は井の頭線の主要駅のひとつで、住宅地にあり急行停車駅となっている。

永福町駅の開業は、井の頭線（当時・帝都電鉄）の開通時の１９３３（昭和８）年８月で、開業当時には隣接する形で永福町検車区・永福町工場が置かれていた。この検車区は井の頭線唯一の車両基地であった。太平洋戦争時の東京大空襲で被災したものの戦後に復旧し、１９６６（昭和41）年に富士見ヶ丘検車区に移転するまで使用されていた。永福町工場は４年後の１９７０（昭和45）年に富士見ヶ丘工場に移っている。跡地は京王バス東の永福町営業所となっているが、引き込み線は残されており、井の頭線の新車納入時に使用されている。

永福町駅の構造は島式ホーム２面４線の地上駅で、橋上駅舎を有している。この駅では急行と各駅停車の緩急接続が行われ、すべての列車が停車する。以前は地下駅舎であったが、２０１１（平成23）年３月に橋上駅舎と一体となった、駅ビル「京王リトナード永福町」が開業している。

西永福駅は、１９３３年８月に開業している。駅の構造は、島式ホーム１面２線の地上駅で、橋上駅舎を有している。かつては南口しかなく、ホーム間は地下通路で結ばれていたが、２００８（平成20）年３月に橋上駅舎が完成して北口が開設された。

現在の永福町駅。

現在の西永福駅。

現在の駅舎に変わる前、地上駅舎だった頃の西永福駅である。それまであった木造の小さな駅舎が改築されて、新駅舎になった頃の姿である。

撮影：荻原二郎

撮影:小川峯生

多数の車両が休んでいる永福町検車区の構内で、右側には貨物車両の姿もある。これから数年後には、富士見ヶ丘検車区が誕生することで、バス営業所（車庫）に姿を変える。

永福町駅の駅舎は、北側を通る井の頭通沿いに向けて開かれている。また、東側は永福通りが通っており、手前、右側に踏切が見える。この当時は駅舎、ホームとも木造で、簡素な構造であった。この駅の西側（奥）には、永福町検車区、永福町工場が存在した。

提供:読売新聞社

提供:朝日新聞社

北側を走る井の頭通りには、まだ自動車の姿はそれほど多くはない時代の撮影である。一方、道路沿いに置かれた京王のバス車庫には、バスがびっしりと並んでいる。南側にはこの当時、京王の永福町検車区・車両工場が存在した。右下には貨物車両の姿もある。右奥に続く２本の道路は、永福通りと荒玉水道道路で、ともに方南通りの大宮八幡前交差点に進んでいく。永福町、西永福駅周辺は、古くからの住宅地であり、ほとんどが一戸建ての住宅であった。

提供：読売新聞社

杉並区の高級住宅地として知られる浜田山だが、駅周辺には三井不動産の広大なグラウンドなどが残っていた。駅舎、ホームも驚くほど簡素で、新聞等を売る女性の姿があった。

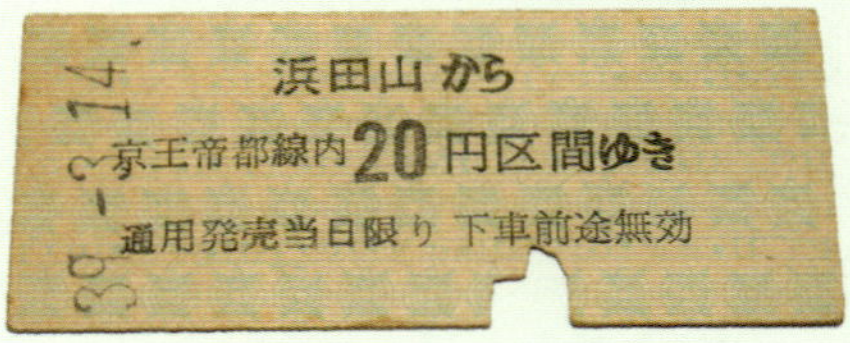

松本清張ほか作家が住居を構えていた浜田山駅
環八通り沿いの高井戸駅、道路開通時に高架化

浜田山駅、高井戸駅

【浜田山駅】 開業年：昭和8(1933)年8月1日
所在地：東京都杉並区浜田山3-31-2
キロ程：7.5キロメートル(渋谷起点)　駅構造：地上駅
ホーム：1面2線　乗降人数：30,172人

【高井戸駅】 開業年：昭和8(1933)年8月1日
所在地：東京都杉並区高井戸西2-1-26
キロ程：8.7キロメートル(渋谷起点)　駅構造：高架駅
ホーム：1面2線　乗降人数：44,299人

現在の浜田山駅。

現在の高井戸駅。

神田川の流れ近くに高井戸駅

浜田山駅の周辺は、作家の松本清張や片山広子が住んでいたこともあり、杉並区内の高級住宅地として知られている。浜田山駅は1933(昭和8)年8月の開業で、現在は島式ホーム1面2線の地上駅で、駅舎は地下化されている。

次の高井戸駅は環八通りに面して置かれている。この駅の所在地は杉並区高井戸西2丁目であり、世田谷区松原3丁目に存在する京王線・東急世田谷線の下高井戸駅とはかなり距離が離れている。この「高井戸」の地名は古く、かつては東京府豊多摩郡に高井戸村(町)が存在した。高井戸村は1889(明治22)年、中高井戸村、上高井戸村、下高井戸村、久我山村などが合併して成立し、1926(大正15)年に高井戸町となった。1932(昭和7)年、東京市に合併され、杉並区の一部となっている。こうした歴史から「高井戸」を冠する地名が離れた場所にも存在している。

高井戸駅の開業は浜田山駅と同じ1933(昭和8)年8月である。1972(昭和47)年3月、環八通りの開通に合わせて高架駅となった。ホームの構造は島式1面2線で、高架下には商業施設の「京王クラウン街」があったが、現在は「京王リトナード高井戸」となっている。この高井戸駅に急行は停車しないものの、他線との連絡駅である渋谷、吉祥寺、明大前、下北沢駅に次ぐ利用者数を誇ってきた。駅の付近には大相撲の芝田山部屋があることでも知られる。

1960年
(昭和35年)

盛土がなされた高架上に設置されていた高井戸駅のホームと駅舎。相対式２面２線のホームへ行くには低い階段を上る必要があり、その外側に小さな駅舎があって、さらに築堤の下と昇り降りする階段が設置されていた。1972年には環状八号線（環八通り）の開通に伴い、島式ホーム１面２線を有する高架駅に改築された。

提供：読売新聞社

1978年
(昭和53年)

提供：朝日新聞社

環八通りに面した高架駅である高井戸駅北東の空撮で、この駅周辺には1950年代前半まで、左側にグラウンドの一部がのぞく、杉並区立高井戸小学校以外には目立つ建物がなかった。北側に広がる空き地は杉並清掃工場の予定地で、1982年に初代の清掃工場が誕生。2017年に新しい工場に建て替えられた。現在は、杉並区立高井戸地域区民センターも置かれている。左手前の環八沿いに建つビルは、現在のNAF第三ビルである。

西側に工場と検車区が移転してくる前の富士見ケ丘駅。折り返し運転が行われても小さな駅舎のままだったが、2010年に現在のような橋上駅舎に変わった。

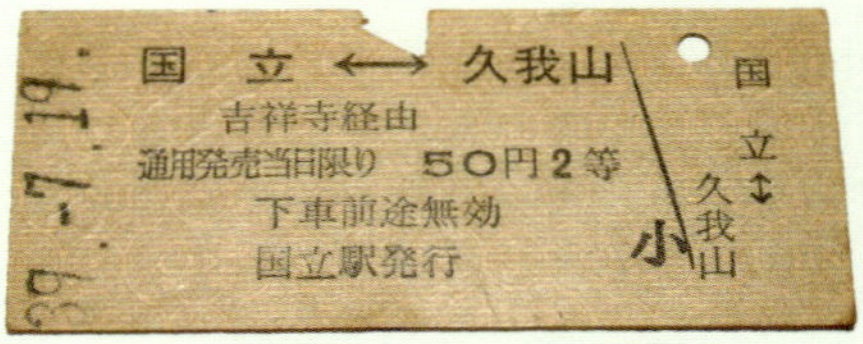

富士見ヶ丘駅の西側に、富士見ヶ丘検車区
久我山駅に野球、ラグビー名門の国学院久我山高

富士見ヶ丘駅 久我山駅

現在の富士見ヶ丘駅。

現在の久我山駅。

【富士見ヶ丘駅】開業年：昭和8（1933）年8月1日
所在地：東京都杉並区久我山5-1-25
キロ程：9.4キロメートル（渋谷起点）　駅構造：地上駅（橋上駅）
ホーム：1面2線　乗降人数：13,845人

【久我山駅】開業年：昭和8（1933）年8月1日
所在地：東京都杉並区久我山4-1-11
キロ程：10.2キロメートル（渋谷起点）　駅構造：地上駅（橋上駅）
ホーム：1面2線　乗降人数：39,697人

杉並区西端にあたる久我山駅

富士見ヶ丘駅は、西隣の久我山駅との間に富士見ヶ丘検車区が存在していることから、早朝・深夜には当駅を始発・終着とする列車が運転されている。開業は1933（昭和8）年8月の帝都電鉄（現・京王井の頭線）の開通時である。駅の構造は地上駅で、2010（平成22）年12月から橋上駅舎が使用されている。

駅の西側に位置する富士見ヶ丘検車区は1966（昭和41）年に開設され、従来あった永福町検車区から機能が移された。1970（昭和45）年には永福町工場が廃止され、富士見ヶ丘工場が開設されている。1983（昭和58）年に京王の若葉台工場富士見ヶ丘作業場と組織変更された。

駅の南側には、首都高速4号新宿線と中央自動車道が接続する高井戸インターチェンジが置かれている。この高井戸インターの北側には、1926（大正15）年に内田祥三・土岐達人の設計で竣工した浴風会本館が存在する。現在は社会福祉法人浴風会の本部であり、2001（平成13）年には東京都選定歴史的建造物に指定された名建築で、ドラマなどのロケ地にも使われている。

次の久我山駅は東京23区の西端にあたる杉並区久我山4丁目にあり、駅の周辺には住宅地が広がっている。駅は人見街道と神田川（神田上水）が交わる付近に置かれており、北側には井の頭通りが走っている。

久我山駅の開業も1933年8月である。井の頭線主要駅のひとつで急行が停車する。この駅の南西には地名を冠した国学院大学久我山中学校・高校がある。学校の起源は1942（昭和17）年に開校した岩崎学園久我山電波工業専

急行停車駅の久我山駅であるが、駅周辺は高級住宅地で、学校以外に商業施設などはほとんどなく、朝夕の通勤・通学時以外はそれほど混雑もなかった。シンプルな屋根のついたホームもかなり閑散としている。駅舎は通りに面した東側（右）に存在する。この写真には見えないが、駅のすぐ南側（左）には井の頭池が水源となる神田川（神田上水）が流れている。その南側には、人見街道が走っている。

提供：読売新聞社

東京オリンピック開催の頃の久我山駅。杉並区の西端に位置し、閑静な住宅地の玄関口としての地位を保ってきた。

撮影：荻原二郎

門学校で、1952（昭和27）年に国学院大学と合併して現在の校名となった。男女別学スタイルの規模の大きな学校で、高校野球、サッカー、ラグビーの名門校としても有名である。

また、駅の北東には都立西高校がある。もともとは1937（昭和12）年、青山で創立された東京府立第十中学校で、1939（昭和14）年に現在地に移転した。1950（昭和25）年に現在の校名となり、日比谷高校や戸山高校等と並ぶ公立の進学高の一つとして知られている。

三鷹市内に三鷹台、井の頭公園の2駅が存在する
井の頭公園駅は、帝都電鉄開通当時の終着駅

三鷹台駅、井の頭公園駅

【三鷹台駅】開業年：昭和8（1933）年8月1日
所在地：東京都三鷹市井の頭1-32- 1
キロ程：11.2キロメートル（渋谷起点）　駅構造：地上駅［橋上駅］
ホーム：2面2線　乗降人数：2万2597人

【井の頭公園駅】開業年：昭和8（1933）年8月1日
所在地：東京都三鷹市井の頭3-35-12
キロ程：12.1キロメートル（渋谷起点）　駅構造：地上駅
ホーム：2面2線　乗降人数：6587人

三鷹台駅の北には立教女学院

三鷹市内には、2つの井の頭線の駅が置かれている。三鷹市井の頭1丁目の三鷹台駅と、同市井の頭3丁目の井の頭公園駅である。このうち、井の頭公園駅は1933（昭和8）年8月、当時の帝都電鉄の開通時の終点駅で井之頭公園駅と名乗っていた。

三鷹台駅は同時期の開業で、現在の駅の構造は相対式2面2線のホームで、橋上駅舎を有している。神田川（神田上水）に沿うようにホームをもつこの駅は、三鷹市（南側）と杉並区（北側）の境界付近に位置し、北西には武蔵野市との境界線も存在する。杉並区内の西端には、立教女学院短大・高校・中学校・小学校がキャンパスを構えている。その起源は1877（明治10）年に湯島で創立された立教女学校で、築地に移転した後、1924（大正13）年にこの地に移転した。戦後に小・中学校が併設され、1967（昭和42）年に短大が開学した。

当初は起終点駅であった井の頭公園駅は、1934（昭和9）年4月、井の頭線が吉祥寺駅まで延伸したことで、途中駅に変わった。また、駅名も当初の「井之頭公園」から「井ノ頭公園」を経て、現在の「井の頭公園」となっている。駅の構造は相対式2面2線のホームをもつ地上駅で、駅舎は1番線のホーム側に置かれ、ホーム間は地下道で結ばれている。駅舎は2006（平成18）年に改装されている。

この駅は名称の通り、都立井の頭恩賜公園の最寄り駅である。井の頭恩賜公園は、駅の西側に広がっており、井の頭池を中心に井の頭自然文化園などの施設がある。

現在の三鷹台駅。

現在の井の頭公園駅。

井の頭線には三鷹台駅が置かれ、南側に井の頭池を水源とする神田川（神田上水）が蛇行しながら流れる。北には立教女学院がある。

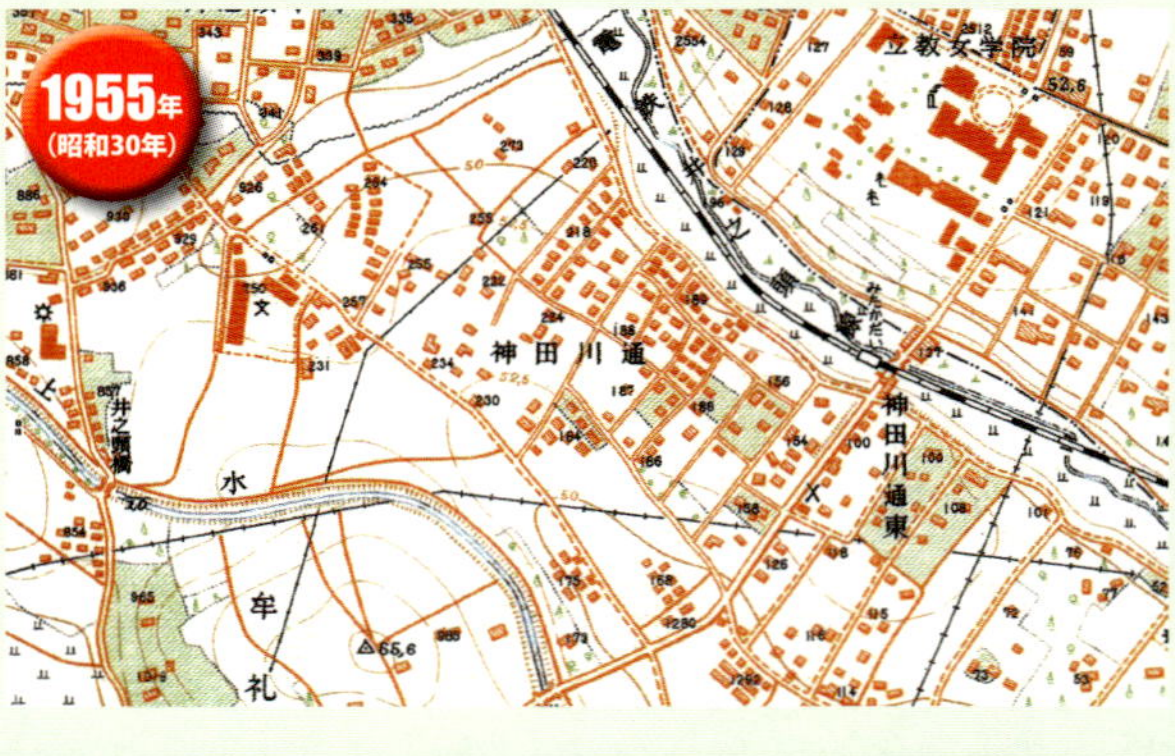

1960年
（昭和35年）

緩やかにカーブしている井の頭公園駅のホーム風景。当初は終着駅であり、江戸時代から有名だった名所（行楽地）の玄関口として、ゆったりとした雰囲気を漂わせていた。

提供：読売新聞社

1982年に現在地に移転し、相対式ホーム２面２線の構造に変わる前の三鷹駅の駅舎、ホームである。ホームは島式１面２線で、地上駅舎は道路に向かって開かれていた。「京王帝都電鉄　三鷹台駅」と大きく記された、２枚の駅名看板が駅舎の正面と横に取り付けられていたことがわかる。

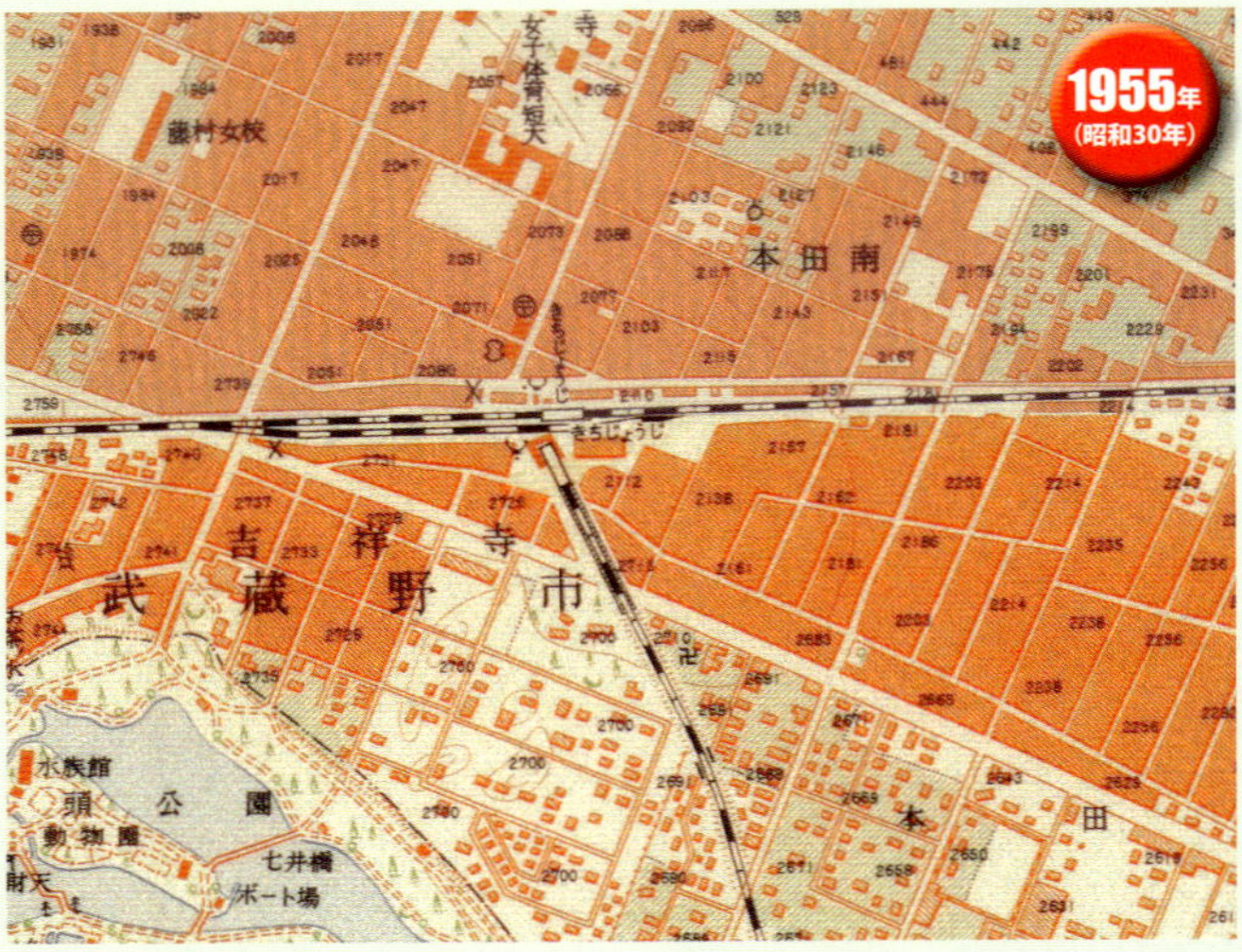

左下に井の頭恩賜公園が広がる、吉祥寺駅周辺の地図である。北側には藤村女校（藤村学園）、東京女子体育短大（後に移転）が見える。

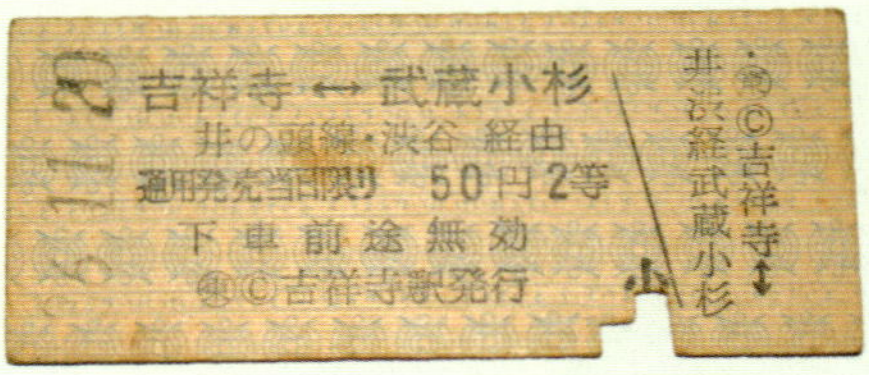

武蔵野市に置かれたJR中央線との連絡駅
五日市街道、井の頭通り、吉祥寺通りが走る街

吉祥寺駅

現在の吉祥寺駅。

開業年：昭和9（1934）年4月1日
所在地：東京都武蔵野市吉祥寺南町2-1-31
キロ程：12.7キロメートル（渋谷起点）　駅構造：高架駅
ホーム：2面2線　乗降人数：145,460人

住みたい街でトップの吉祥寺

京王井の頭線の吉祥寺駅は、1934（昭和9）年4月に帝都電鉄の駅として開業し、国鉄中央線との連絡駅となった。国鉄の吉祥寺駅は1899（明治32）年12月、甲武鉄道の駅として開業している。この甲武鉄道は、新宿～立川間の開業時には中野～（武蔵）境間に中間駅はなく、10年遅れて吉祥寺駅が開業した形である。

京王の吉祥寺駅は、頭端式2面2線を有する高架駅で、北側でJR駅と連絡する形である。これは開業当初、さらに北進して西武新宿線の田無駅方面へ向かう延伸計画が存在していたからである。現在のJR駅も1969（昭和44）年に地上駅から高架駅に変わっている。このときに北口側にステーションビル「吉祥寺ロンロン（現・アトレ吉祥寺）」が誕生。1970年には、南口側にも駅ビル「ターミナルエコー（現・京王吉祥寺駅ビル、キラニナ京王吉祥寺）」が完成した。

この吉祥寺駅の南北には、五日市街道、井の頭通りが並行して通っており、駅の西側で吉祥寺通りで交差している。この吉祥寺通りは井の頭公園を縦断しており、公園通りとも呼ばれている。

「吉祥寺」という地名、駅名は寺院の名前に由来するが、現在の吉祥寺（武蔵野市）には同名の寺院は存在しない。江戸時代、この地に移住して武蔵野の広野を開墾したのが当時、駿河台にあった吉祥寺（現在は文京区内に存在）の門前に住む人々だったことから、地名が生まれた形である。近年の街の発展は目覚ましく、若者を中心に絶大な人気を誇り、住みたい街ランキングでもトップの座を占めている。

階下に文房具や日用品を扱う店舗の見える、京王井の頭線吉祥寺駅のホーム、駅舎である。階段の下には、構内タクシーの乗り場、待合所があり、京王自動車の吉祥寺営業所も離接して存在したおり、駅前の空間は狭かった。吉祥寺駅の南口側は、その後も狭い道路が通る状態が続き、通行人の増加とともにバスやタクシーの数も増え、道路上の混雑が見られたが、2014年の駅ビル「キラリナ京王吉祥寺」の誕生で、大きく風景が変わった。

京王と国鉄の吉祥寺駅の背景に、吉祥寺の街並みが広がる。現在はパルコ、東急百貨店なども店を構え、ビルが建ち並ぶ街となっているが、この頃はまだ低い家並が続いていた。

中央線吉祥寺駅の南には1934年、帝都電鉄（現・京王井の頭線）が延伸して吉祥寺駅を開き、中央線との連絡を実現した。また、写真中央付近には、1959年、吉祥寺で最初の商業ビルとしてオープンし、地元で親しまれた吉祥寺名店会館があった。跡地には東急吉祥寺店が建った。

地図の北側（上）を中央線が東西に走り、吉祥寺駅、西荻窪駅が置かれている。南東に延びる帝都電鉄（現・京王井の頭線）には。現在の井の頭公園駅が置かれている。この当時、帝都電鉄の沿線を中心にまだ農地が残っていた。戦前、この付近には旅館、寮などが多く建てられており、中央線の北側に「日大学寮」があった。三鷹台駅付近に見える高女校は、現在の立教女学院である。

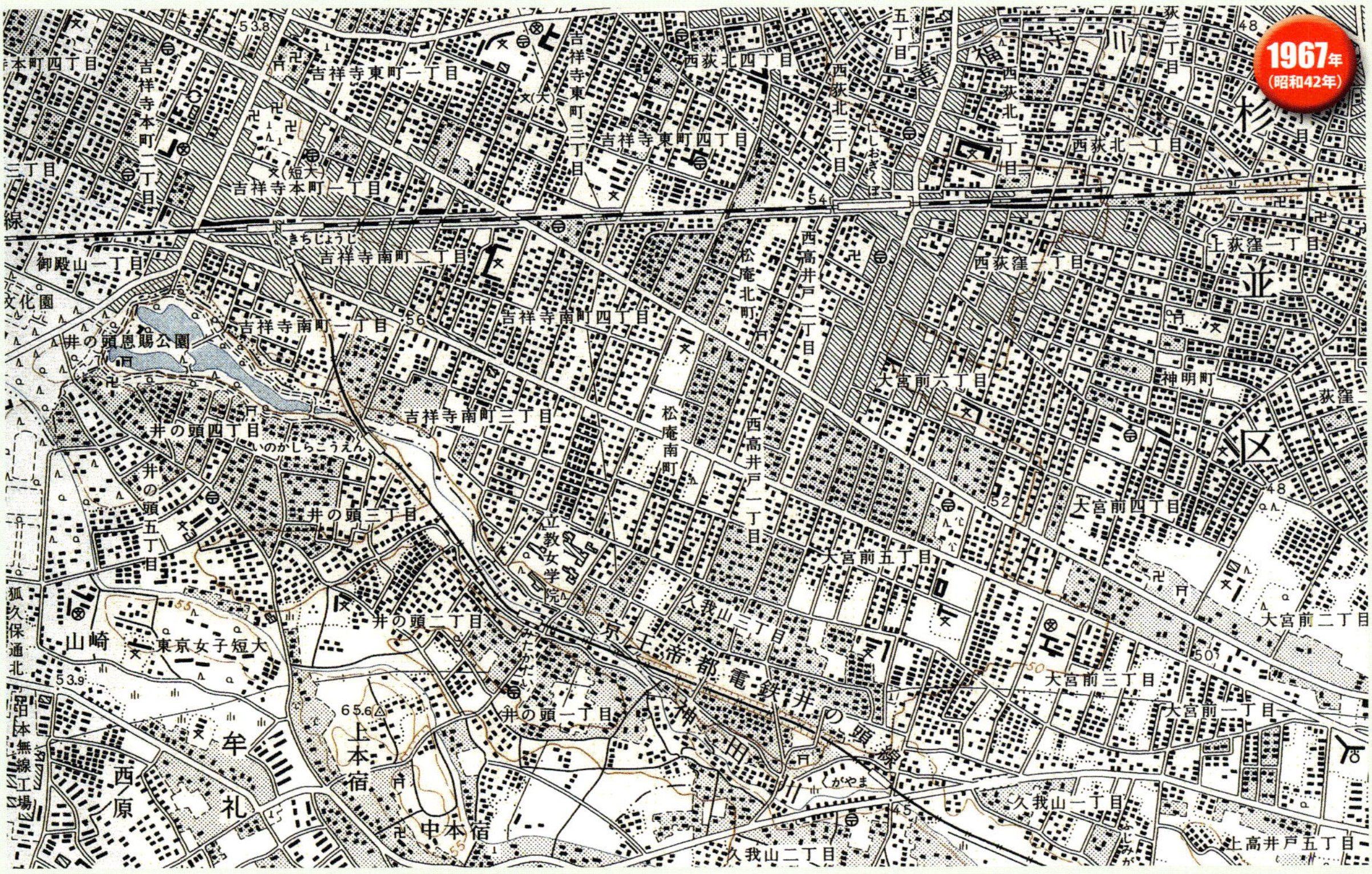

帝都電鉄は、京王帝都電鉄（現・京王）に変わり、井の頭線沿線には多くの住宅が建てられている。1947年に武蔵野市、1950年に三鷹市の市制が施行されたこともあり、吉祥寺、三鷹台駅周辺には「吉祥寺南町」「井の頭」といった地名（住居表示）が生まれている。1917年から一般公開されていた井の頭恩賜公園は、戦時下の荒廃を挟んで、かなり整備された様子を見せている。

園や井の頭公園への行楽客を誘致しようと努めた。また低利融資という広告を出して沿線の住宅建設を促そうとした。『東京府統計書』によると、昭和9、10年の吉祥寺駅の一日当たりの乗降客は、その後もそれほど伸びなかったといわれている。

昭和15年5月1日に、帝都電鉄は小田原急行電鉄に合併された。日中戦争開始後の昭和13年4月に陸上交通事業調査法が制定され、交通事業の統合が促進されることになったが、それに基づいて社長を同じくする両者が合併することになったわけである。

昭和16年春には、帝都線を田無方向にまで延長する計画が持ち上がった。しかし国防上必要な鉄道、また軍事上必要な鉄道を除き、新線の建設は一切認めないという当局の方針のため、これは実現されずに終わった。

「大東亜戦争」開始直後の昭和17年5月1日に、陸上交通事業調整法により、小田急電鉄株式会社（昭和16年3月に社名変更）と京浜電気鉄道株式会社は、東京横浜電鉄株式会社と合併して東京急行電鉄株式会社となった。それとともに、それまで帝都線と呼ばれていた渋谷－吉祥寺間の電車は、井の頭線と呼ばれることになった。

昭和19年5月31日に、京王電気軌道株式会社は陸上交通事業調整法によって、東京急行電鉄株式会社と合併した。これによって中央線以南の私鉄会社は、東京急行一社に統合されることになり、この体制で敗戦を迎えた。

戦後の昭和22年12月に開かれた株主総会で、京王帝都電鉄、小田急電鉄、京浜急行電鉄および東横百貨店の四社を、東京急行から分離独立させることが可決された。これに基づいて翌昭和23年6月1日に、京王帝都電鉄株式会社が発足することになった。これが現在の井の頭線の経営体制の起源である（京王帝都電鉄は、平成10年7月1日に京王電鉄株式会社と改称した）。

昭和22年の秋に作られた「市制要望内申」によると、昭和22年当時、吉祥寺－渋谷間の電車は10分から15分間隔で運転されていた。吉祥寺駅の開業時の20分間隔と比べると、電車の本数がある程度増えていたことがわかる。車両の編成も1両または2両になっていたようである。

同じ「市制要望内申」によると、井の頭線を田無方面へ延長したいという願望が述べられている。昭和16年当時の延長案が変わらずに存在していたわけである。この線に沿って、昭和24年1月31日に、市議会に帝都線延長準備委員会が設置されたが、この延長は実現されるに至らなかった。

渋谷駅と吉祥寺駅を結ぶ帝都電鉄（現・京王井の頭線）の路線図。駒場東大前駅に合併する前の一高前、西駒場駅が見え、大宮八幡宮、浴風園などが描かれている。

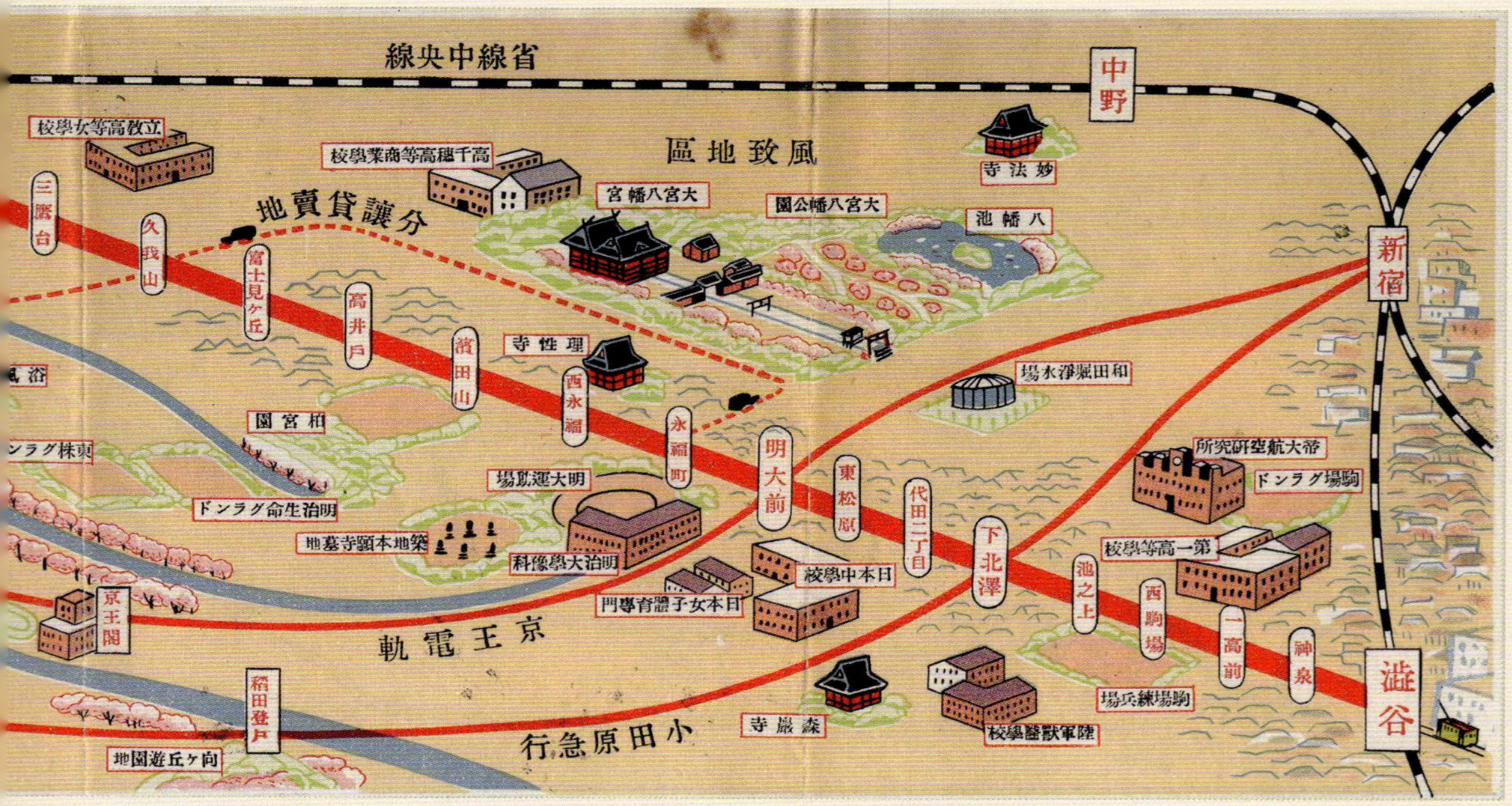

沿線市史

05『武蔵野市史』に登場する井の頭線

第一次世界大戦が終わる大正７年前後から、東京市郊外の人口が急増し始めるが、大正12年の関東大震災以後になると、その勢いが加速した。それにつれて電鉄会社を設立しようとする計画が、続々と現れることになった。

ただ、第一次世界大戦後の戦後不況と大震災の打撃とが重なって、昭和２年には金融恐慌が起こった。さらに昭和５年には、世界大恐慌の影響を受けて昭和恐慌が始まった。したがって会社を設立することは必ずしも容易ではなく、計画だけで終わったものも少なくなかった。

吉祥寺ー志木間の鉄道を計画した中央電気鉄道もその一つであった。昭和２年１月に東京府から、同社の路線免許申請について意見を求められた武蔵野市長は、「大なる利益は期待し難からんも、相当便益あるものと認められ候」と答えていたが、結局この会社は幻と消えた。

同じころに、山手線の走る環状鉄道を造ろうと計画していた人々がいた。昭和２年４月に、大井町から中野ー滝野川を経て江東の須崎に至る路線の敷設免許を受け、翌３年９月には東京山手急行電鉄を設立した。鬼怒川水力電気の社長で小田原急行電鉄の創設者である利光鶴松を代表とし、鬼怒川水力の資本を背景として事業を始めようとしたが、資本が集まらず計画は中断した。

また城西電気鉄道という会社は、渋谷ー吉祥寺間の電車を計画し、昭和３年の初めに路線免許を受けて同年７月には正式に渋谷急行鉄道を設立した。しかし計画はなかなか実現に向かわなかった。

昭和５年11月に東京山手急行は、社名を東京郊外鉄道と改称し、翌６年２月には右の渋谷急行を合併して、その６月から渋谷ー吉祥寺間の鉄道の建設を始めた。大掛かりな環状鉄道は後回しにして、手の付けやすいところから始めようとしたものだといわれている。

この鉄道建設の際に、会社の幹部は沿線の地主に対して、電車が通るようになれば地価が上がるから鉄道用地を寄付するようにと説得し、一定の成果を上げたといわれている。また渋谷駅を出てすぐに線路がトンネルに入るのは、地価が高い渋谷周辺で土地を買う必要をなくするための工夫であったという。建設には並々ならない苦心が払われていたことがわかる。

こうして昭和８年８月１日に、渋谷ー井の頭公園間（複線）が開通した。このしばらく前の同年１月19日に、会社は社名を帝都電鉄株式会社と改称していた。昭和７年10月に５郡82町村の東京市への合併が実現した結果、沿線の大部分が東京市内に入ったために「郊外」という言葉を変えたわけである。

残りの700メートルは難工事で、予想外の時間が掛かった。吉祥寺駅の手前の水道道路の上を高架で通る必要があり、駅も高架に造ることになったからである。しかし昭和９年４月１日には渋谷ー吉祥寺間の12.8キロメートルが全線開通した。それと同時に中央線の吉祥寺駅南口が開設され、南口一帯の開発が進められることになった。水道道路と、町道２号線の上の高架線は、武蔵野地域における鉄道と道路との立体交差の初めであった。

昭和８年８月現在で、会社は９両の電車を所有しており、渋谷駅から10分置きに井の頭公園行きと永福町行きの電車が交互に発車していた。吉祥寺駅まで開通した後も、井の頭公園発着が吉祥寺発着になったくらいで、その他の点はそれほど変わりなかったと見てよいであろう。

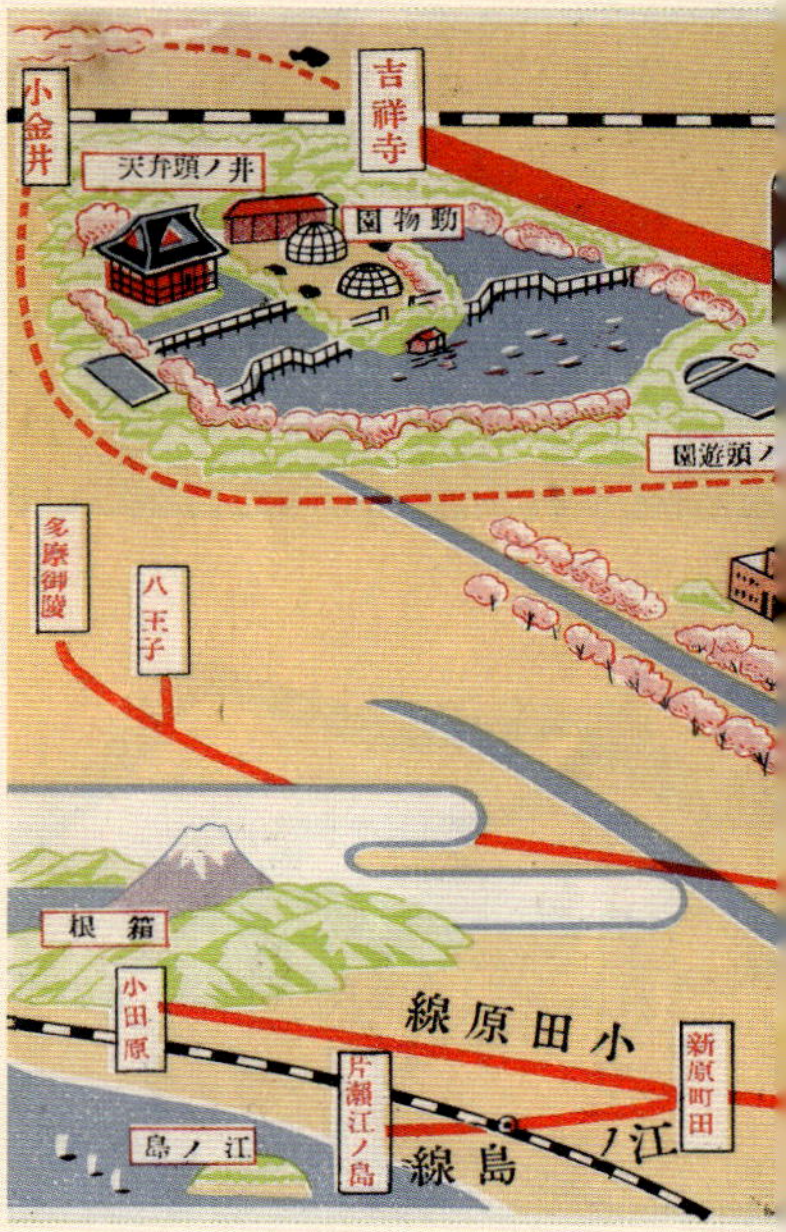

その当時、渋谷付近を除くと沿線は田畑の間に雑木林が点在する武蔵野の台地が続いており、人家はまれであった。したがって乗客はごく少なかった。このため会社は、東京市電や小田急・省線電車との連絡切符を発行して、沿線の大宮公

【著者プロフィール】

生田 誠（いくた まこと）

1957（昭和32）年、京都市東山区生まれ。
東京大学文学部美術史学専修課程修了。産経新聞社東京本社、大阪本社の文化部ほかに勤務。現在は地域史・絵葉書研究家として、内外の絵葉書の収集・研究および地域資料の発掘、アーカイブ構築などを行う。河出書房新社、集英社、学研パブリッシング、彩流社、アルファベータブックス、フォト・パブリッシング等から著書多数。

【写真撮影・提供】

小川峯生、荻原二郎、高橋義雄、田中健三、安田就視、山田虎雄、
東京都、八王子市
朝日新聞社、読売新聞社、毎日新聞社

【現在の駅舎撮影】

石井 洵

朝日《あさひ》・読売《よみうり》・毎日新聞社《まいにちしんぶんしゃ》が撮《と》った
京王線《けいおうせん》、井《い》の頭線《がしらせん》の街《まち》と駅《えき》
1960～80年代《ねんだい》

発行日……………………2018 年 3 月 5 日　第 1 刷　　※定価はカバーに表示してあります。

著者………………………生田 誠
発行者……………………茂山和也
発行所……………………株式会社アルファベータブックス
〒 102-0072　東京都千代田区飯田橋 2-14-5　定谷ビル
TEL. 03-3239-1850　FAX.03-3239-1851
http://ab-books.hondana.jp/

編集協力…………………株式会社フォト・パブリッシング
デザイン・DTP ………柏倉栄治
印刷・製本 ……………モリモト印刷株式会社

ISBN978-4-86598-834-5 C0026